Albrecht Schöne
Schillers Schädel

ALBRECHT SCHÖNE

SCHILLERS
SCHÄDEL

VERLAG C.H.BECK

In Redefassung vorgetragen
am 17. November 2001 bei der Jubiläumsfeier
der vor zweihundertfünfzig Jahren durch
Georg II. von England als Königliche Sozietät begründeten
Akademie der Wissenschaften zu Göttingen

Mit drei Abbildungen im Text

Zweite, durchgesehene Auflage. 2002
© Verlag C.H.Beck oHG, München 2002
Gesamtherstellung: Kösel, Kempten
Gedruckt auf säurefreiem, alterungsbeständigem Papier
Umschlagentwurf: Juergen Seuss, Niddatal
Umschlagbild: Halbseitige Rekonstruktion des Schillerschen Kopfes
über einem Abguß des 1826 geborgenen Schädels durch den Moskauer
Anthropologen Michail Michailowitsch Gerassimow (1961)
Printed in Germany
ISBN 3 406 48689 4

Natur- und Kunstwerke lernt man
nicht kennen wenn sie fertig sind;
man muß sie im Entstehen aufhaschen,
um sie einigermaßen zu begreifen.

Goethe an Zelter, 4. August 1803

Am 24. September 1826, fünfeinhalb Jahre vor seinem Tod, vermerkt Goethes Tagebuch: «Meldeten sich Schröter und Färber mit dem Schillerischen Schädel.»[1] Man liest darüber leicht hinweg. Als hätte der Alterungsprozeß solcher Texte ihre Ecken und Kanten abgeschliffen, erfaßt das Auge des späten, kurzsichtigen Lesers Unverständliches oder Anstößiges hier nicht so rasch wie bei zeitgenössischen Schriften. Tatsächlich besagt diese lakonische Tagebuchnotiz doch etwas nahezu Unglaubliches. Das wahrzunehmen, hülfe wohl ein Gedankenexperiment, mit dem man sich selbst in die Rolle des Akteurs versetzte und den Vorgang an eigenen Verhaltensmöglichkeiten zu messen versuchte.

Schröter, Prosektor des Jenaer anatomischen Kabinetts, und Färber, am naturwissenschaftlichen Museum in Jena angestellt, meldeten sich da keineswegs eigenmächtig beim Staatsminister von Goethe. Er selber hatte angeordnet, ihm diesen Totenschädel in sein Haus am Frauenplan zu bringen – den Schädel des eigenen Freundes, so wie man ihn sechs Monate zuvor unter den zerborstenen Särgen und verwesenden Leichen einer Weimarer Friedhofsgruft hervorgesucht hatte, mehr als zwanzig Jahre nach Schillers Tod. Goethe ließ ihn fachgemäß reinigen[2] (doch wohl im Hinterhaus oder in einem der beiden Pavillons seines Gartens) und legte ihn dann «auf einem blausamtenen Kissen»[3] unter ein abnehmbares Glasgehäuse, das er zu diesem Zweck hatte anfertigen lassen.[4] So aufgestellt, behielt er ihn bei sich daheim, über Monate hin.

5

Sich in solcher Hinsicht abzuhärten, hatte er zeitig versucht. Im ‹Dichtung und Wahrheit›-Bericht über seine Straßburger Studienzeit liest man: «Die Anatomie war mir auch deshalb doppelt wert, weil sie mich den widerwärtigsten Anblick ertragen lehrte, indem sie meine Wißbegierde befriedigte. Und so besuchte ich [neben Professor Lobsteins anatomischen Lehrveranstaltungen] auch das Klinikum [Übungen am Krankenbett] des älteren Doktor Ehrmann so wie die Lektionen der Entbindungskunst seines Sohns, in der doppelten Absicht, alle Zustände kennen zu lernen und mich von aller Apprehension gegen widerwärtige Dinge zu befreien. Ich habe es auch wirklich darin so weit gebracht, daß nichts dergleichen mich jemals aus der Fassung setzen konnte. Aber nicht allein gegen diese sinnlichen Eindrücke, sondern auch gegen die Anfechtungen der Einbildungskraft suchte ich mich zu stählen. Die ahndungs- und schauervollen Eindrücke der Finsternis, der Kirchhöfe, einsamer Örter, nächtlicher Kirchen und Kapellen und was hiemit verwandt sein mag, wußte ich mir ebenfalls gleichgültig zu machen; und auch darin brachte ich es so weit, daß mir Tag und Nacht und jedes Lokal völlig gleich war.»[5]

So hätte er sich's wohl gewünscht. Aber diese Selbstdarstellung ist eher doch als Absichtserklärung, denn als Erfolgsmeldung zu verstehen. Als er seine Anatomieübungen zehn Jahre später fortsetzte, mit sezierenden Knochen- und Muskelstudien unter Anleitung des Medizinprofessors Loder in Jena, verstand er sich in einem Brief an den Herzog Carl August zu der Bemerkung: «Zwey Unglückliche waren uns eben zum Glück gestorben die wir denn auch ziemlich abgeschält und ihnen von dem sündigen Fleische geholfen haben.»[6] Für seine Denkweise und seine Schreibart ist das so ungewöhnlich, daß man es gegen den Strich wird lesen müssen. Solch witzelnder Zynismus, mit dem sich empfindsame Adepten der Anatomie bis heute über die Zumutungen ihres Praktikums hinwegzuhelfen suchen, indiziert offenbar, daß es ihm keineswegs gelang, sich «von aller Apprehension gegen widerwärtige Dinge zu befreien.»

Fragwürdiger noch erscheint die Behauptung, daß seine Straßburger Abhärtungsübungen ihn «nicht allein gegen diese sinnlichen Eindrücke, sondern auch gegen die Anfechtungen der Einbildungskraft» gestählt hätten. «Die ahndungs- und schauervollen Eindrücke der Finsternis, der Kirchhöfe, einsamer Örter, nächtlicher Kirchen und Kapellen und was hiemit verwandt sein mag», sollten ihn fortan gleichgültig gelassen haben? Genau solche Örter stellte ihm viele Jahre später ein Bild vor Augen, das der Maler Karl Friedrich Lessing nach Weimar geschickt hatte; genau solche ahndungs- und schauervollen Eindrücke erregte dieser ‹Klosterhof im Schnee› und setzte ihn den Anfechtungen der Einbildungskraft aus, die doch wohl auch auf den e i g e n e n Tod sich richten mochten. Durch eine erstarrte Winterlandschaft mit dunklen Tannen, deren Zweige niedergebrochen waren unter der Schneelast, trug ein Zug von Mönchen da einen Sarg auf schwarzbehangener Bahre in ein einsames Kloster. Zu eben der Zeit, in welcher sich der alte Goethe den Totenschädel des Freundes ins Haus bringen ließ, gab es ein Gespräch über dieses Bild. «Das sind ja lauter Negationen des Lebens», ereiferte er sich: «Zuerst also die erstorbene Natur, Winterlandschaft; den Winter statuiere ich nicht [will ich nicht wahrhaben, lasse ich nicht zu]; dann Mönche, Flüchtlinge aus dem Leben, lebendig Begrabene; Mönche statuiere ich nicht; dann ein Kloster, zwar ein verfallenes, allein Klöster statuiere ich nicht; und nun zuletzt, nun vollends noch ein Toter, eine Leiche; den Tod aber statuiere ich nicht.»[7]

So ist er lebenslang den Sterbelagern auch der ihm Nahestehenden ferngeblieben, hat sich dem Anblick der Toten entzogen, die Begräbnisfeiern gemieden, die Grabstätten nie besucht. Als 1782 sein Vater, selbst als 1808 seine Mutter starb, kam er nicht nach Frankfurt. Bei Christianes Tod heißt es am 6. Juni 1816 im Tagebuch: «Meine Frau um 12 Nachts ins Leichenhaus. Ich den ganzen Tag im Bett.» Im Januar 1827 wurde der Sarg der Charlotte von Stein nicht einmal an seinem Haus vorbeigetragen; jedenfalls hatte sie, um ihn zu schonen, selber es so verfügt. Als im Juli 1828 sein Großherzog bestattet wurde, flüchtete Goethe gar nach Dornburg.[8] Und der den Tod so wenig ‹statuieren› will, läßt sich den Schillerschen Schädel ins Haus bringen, legt ihn dort unter ein Glasgehäuse?

Am 9. Mai 1805 war Schiller gestorben. Aus den vorangegangenen Tagen hat ein Billett an Charlotte von Stein sich erhalten: «Sagen Sie mir doch, l. Frau, wie es Schillern ergeht? Ich wäre selbst gekommen; aber es hilft nichts zusammen zu leiden. G.» Ins Haus des Kranken, von dem er ahnen mochte, daß es mit ihm zu Ende ging, wäre er in keinem Fall gekommen. Anders als das Billett es zu vermuten gab, litt er in diesen Tagen auch kaum an seinen damals schubweise wiederkehrenden Nierenkoliken.[9] Das war es nicht, was ihn fernhielt von Schillers Sterbebett. Und als die Todesnachricht kam, scheute man sich, ihn dem auch nur mit Worten auszusetzen; erst tags darauf, am Morgen des 10. Mai «entdeckt ihm's die Vulpius aber auf die schonendste Weise, ohne das Wort Tod auszusprechen. Da wendet sich Göthe seitwärts, und weint, ohne eine Sylbe zu sagen. In sanftem Schmerze bringt er den Tag zu, u. am Abend schon soll er gefaßt gewesen sein».[10] Damals, erinnert sich Frau von Steins Sohn Carl, «wollte ihn meine Mutter bereden, ihn noch zu sehen. Er antwortete aber mit Widerwillen: ‹O nein! d i e Zerstörung!›»[11] Als man am 11. Mai um Mitternacht den Sarg zum alten Weimarer Jakobskirchhof trug, hat Goethe ihn nicht begleitet. Als dann am Nachmittag des 12. Mai die kirchliche Trauerfeier abgehalten wurde, ist er nicht zugegen gewesen.

8

Was außerhalb Weimars Aufsehen machte und Anstoß erregte, waren zunächst nur die äußeren Umstände dieser Bestattung. Zwei Jahre zuvor hatte man Klopstock begraben, und in ganz Deutschland wußte man, wie es da zugegangen war: Von allen sechs Haupttürmen der Hamburger Kirchen hatten die Glocken geläutet, und auf den Schiffsmasten im Hafen wehten die Trauerflaggen. «Die in Hamburg residirenden Gesandten, Consuln und Geschäftsträger, alle Ephoren der beiden Städte [Hamburg und Altona], die Geistlichkeit und die Künstler folgten in hundert und sechs und zwanzig Wagen der Leiche zu ihrer Ruhestätte. Eine Ehrenwache von hundert Mann zu Pferd und zu Fuß begleitete den festlich-schweren Trauerzug». Fünfzigtausend Menschen sollen die Straßen gesäumt haben, durch die er seinen letzten Weg nahm; von Lorbeer umkränzt lag auf dem Sarg dieses Dichterfürsten sein Epos ‹Der Messias›.[12] Daran gemessen mußte Schillers bürgerlich-karges Begräbnis im kleinen Weimar freilich befremden. Wäre von einem seiner Verehrer, dem späteren Bürgermeister Karl Leberecht Schwabe nicht noch in letzter Stunde durchgesetzt worden, daß anstelle der bereits eingeteilten Schneidersleute einige junge Künstler und Gelehrte seinen Sarg schulterten, so hätten sich die letzten Sätze von ‹Werthers Leiden›, die doch einem Selbstmörder galten, bei Schillers Bestattung tatsächlich bewahrheitet: «Handwerker trugen ihn. Kein Geistlicher hat ihn begleitet.» Zwei Tage nach seinem Tod bereits, bei Nacht und ohne jedes Zeremoniell wurde er in die unterirdische Gruft des sogenannten Kassengewölbes[13] zu den dort schon Bestatteten herabgelassen, während die Geistlichkeit in Gestalt des Weimarer Generalsuperintendenten allererst bei der Trauerfeier des nächsten Tages in Erscheinung trat.

Zwar hielt sich das alles einigermaßen im Rahmen des Üblichen, genügte den Vorschriften und entsprach in seiner Zurückhaltung offenbar den Wünschen der Witwe und der nächsten Angehörigen.[14] Aber in auswärtigen Gazetten war alsbald die Rede davon, daß es in Weimar, «wo Goethe, der vieljährige, vertraute Freund Schillers, Minister war», bei der Beerdigung des hochberühmten Mannes, welcher «der deutschen Nation so viel Ehre» gemacht habe, zugegangen sei «wie bei dem Begräbnis eines an der Pest Verstorbenen».[15] Kombiniert mit der befremdlichen Teilnahmslosigkeit Goethes, schließlich auch mit widersprüchlichen Angaben über Schillers Gesundheitszustand und Zweifeln am offiziellen Obduktionsbericht, stellten diese äußeren Umstände seiner Bestattung ein brisantes Indiziengemisch bereit. Über lange Zeit hin schwelte das gleichsam unter der Oberfläche. Aber als im frühen 20. Jahrhundert begünstigende Rahmenbedingungen eingetreten waren, brach es auf ungeheuerliche Weise aus.

Ausgelöst haben das zwei obskure Schriften des Jahres 1910[16], deren spektakuläre Unterstellungen wirkungsmächtig aufgenommen wurden in einem seit 1928 verbreiteten Machwerk der Mathilde Ludendorff.[17] Sie trug einen damals hochberühmten Namen, war nämlich in dritter Ehe verheiratet mit Erich Ludendorff, dem Strategen der siegreichen Tannenberg-Schlacht von 1914 und Generalquartiermeister des deutschen Heeres im ersten Weltkrieg, der am 9. November 1923 mit Hitler zur Münchner Feldherrnhalle marschiert war und jetzt mit dieser Frau gegen Freimaurer und Juden zu Felde zog. Von blindwütigem Antisemitismus getrieben, erhob sie in ihrem Buch über ‹ungesühnte Frevel› Verdächtigungen und Beschuldigungen, die sich auf glaubwürdige Weise kaum anders dingfest machen lassen als durch wörtliches Zitat.

Der angesichts seines Gesundheitszustandes «völlig unvermutet» eintretende Tod Schillers (Ludendorff S. 94) wurde da allen Ernstes ausgegeben als ein Giftmord durch die «von den ‹unsichtbaren Vätern›, den Juden», geleiteten Freimaurer (S. 82) und die «schleunige, nächtliche Einscharrung» der Leiche in ein «Massengrab» (S. 91) als vorsorgliches Vertuschungsmanöver: «Wir, die wir ja zum Glück Ziele und Wege der Freimaurerei kennen, wissen, daß die mitternächtige Stunde 12 Uhr die ‹Arbeitzeit› der Geheimorden ist, in welcher die von den Geheimorden zum Tode Verurteilten ihr Begräbnis ‹ohne Gepränge und Geleit› erfahren müssen.» (S. 151) So erscheint das Kassengewölbe auf dem Weimarer Jakobskirchhof, wo Schillers «Verbrecherbegräbnis» erfolgt (S. 96), geradezu als «das Massengrab der Ordensverurteilten». (S. 111) Und noch für die Exhumierung Schillers im Jahre 1826, von der gleich die Rede sein muß, wird der «Judenfluch über Schillers Gebeine» verantwortlich gemacht (S. 112).

Dabei dient die «mysteriöse Teilnahmlosigkeit des Ministers Goethe» (S. 105) als Indiz seiner Mitwisserschaft. Diesem Angehörigen der Weimarer Loge ‹Amalia› und des Illuminatenordens sei ja «die Mordgerichtsbarkeit der Loge bekannt» gewesen, und er habe gewußt, «daß jeder nicht fügsame und schweigsame Br.[uder selber] vergiftet wird»! (S. 106) Seine Angst vor «der Mörderclique, zu der er selbst gehörte», erkläre die «feige Niedertracht» (S. 107), mit der er «wie ganz Weimar sich den Geheimorden, einer Tscheka der Juden, Illuminaten, Rosenkreuzer und Freimaurer unterwarf» (S. 105) und seinen Freund verriet, indem er den Giftmord deckte.

Gegen diesen vom «Freimaurerideal der Weltverbrüderung» durchdrungenen Goethe (S. 77), den die Juden «zum unantastbaren Heiligen gemacht» hätten (S. 104), stellte Mathilde Ludendorff ihr Heiligenbild von Schiller als einem «volksverwobenen Freiheitskämpfer» (S. 89): Ihre Beschreibung seiner anfänglichen Verstrickung in die freimaurerisch-revolutionären Ideale von «‹Freiheit, Gleichheit, Brüderlichkeit›, die damals noch nicht als Untergang der Völker erkannt waren» (S. 86), und seiner Bekehrung dann zum «Logengegner» (S. 82), welcher «der Verjudung unserer Kultur eine Festung des Deutschen Idealismus entgegengestellt hat, deshalb von den Juden grimmig gehaßt wurde» (S. 89), nimmt entschieden hagiographische Züge an. Im Dienst der «Weltpläne Jahwehs» sei der Schillermord erfolgt (S. 96) − «wir müssen das Schicksal der Gebeine unseres großen Toten ganz so bewerten, wie es gemeint ist, nämlich als haßerfüllte Schändung unserer Rasse in einem unserer großen ‹Propheten›» (S. 112). Im heilbringenden Dienst an Deutschlands völkischer Wiedergeburt wurde so das Bild eines Märtyrers errichtet.

Das blieb nicht unwidersprochen. Im Auftrag der Goethe-Gesellschaft hat Max Hecker 1935 eine aus den zeitgenössischen Aufzeichnungen zusammengestellte, apologetisch kommentierte Dokumentation über ‹Schillers Tod und Bestattung› veröffentlicht.[18] Ohne Mathilde Ludendorff zu nennen, erklärte er im Nachwort: «Dieses furchtbare Buch ist von einer Frau geschrieben; sie trägt einen Namen, den das Vaterland noch nach einem Jahrtausend mit Stolz und Ehrfurcht als den Namen eines seiner größten Kriegs- und Siegeshelden nennen wird. Um dieses erlauchten Namens willen haben wir den Irrgängen der Verfasserin mit schweigender Trauer zugeschaut; aber längere Duldsamkeit wäre unsühnbarer Frevel an dem Heiligtum der deutschen Seele.» Vorsichtshalber fügte er denn doch hinzu (die Juden immerhin verschonend), daß es ihm fern liege, «den Kampf gegen die überstaatliche Freimaurerei zu verurteilen», und daß er es dahin gestellt sein lasse, ob sie «geheime Zwecke kaltherzig auf den blutigen Bahnen des Verbrechens verfolgt». Bei der Hauptversammlung der Goethe-Gesellschaft in Weimar 1936 kam die Angelegenheit dann öffentlich zur Sprache.[19] Und noch im gleichen Jahr schritt der für ‹Volksaufklärung und Propaganda› zuständige Reichsminister Joseph Goebbels ein, dem die ganze Sache höchst ungelegen kommen mußte.[20]

Ironisch genug: daß der Schoß fruchtbar blieb, aus dem das kroch, konnte selbst das Verbot durch Goebbels nicht verhindern. 1990 hat man den Ludendorffschen Aberwitz vom Giftmord der Freimaurer und Illuminaten an ihrem Todfeind Schiller und von Goethes Mitwisserschaft erneut verbreitet und mit beträchtlichem Aufwand zu stützen gesucht.[21] Mathilde Ludendorffs Unterstellung folgend, daß nach den Ordensbefehlen der Freimaurer «der Tote enthauptet bestattet werden muß» (dort S. 188), wird jetzt aus Ludwig Klauers Ganzkopfmasken des Schillerschen Schädels sogar geschlossen, daß die Leiche mit Schändungsabsicht geschoren, durch Hammerschläge in den Nacken verletzt und geköpft worden sei. Wohl nur aus taktischen Gründen bleibt der zugrunde liegende Antisemitismus da verdeckt, wird das ‹völkische› Motiv reduziert auf Schillers «Verkündung des germanischen Staatsgedankens», die sich in seinem ‹Demetrius›-Drama gegen die «slawischen Charaktere» richte. Und dieses «deutsche Drama schlechtweg», das der Ermordete nur noch in Fragment-Form hinterlassen konnte, muß herhalten als «eine Kriegserklärung gegen alle Errungenschaften der Französischen Revolution», als «vernichtende Absage an alle Demokratie».

Der von den Kranichen des Ibykus gekrächzte ‹Faust›-Vers 7662 wird hier wahrhaftig als anagrammatisch verschlüsselter Hinweis auf den Giftmord ausgegeben: «Welch ein Aechzen, welch Gestoehn» = ‹Welche Aconit [Aconitum Napellus] gesehn, wehlechzen›, und Vers 7664 in gleicher Weise als Goethes Eingeständnis seiner Mitwisserschaft: «Alle sind sie schon ertoedtet» = ‹So toedteten sie da Schillern.› – Zum Lachen ist das eigentlich nicht.

Charlotte v. Schiller hatte sich das Sammelgrab des Kassengewölbes nie als die endgültige Ruhestätte ihres Mannes gedacht. Als 1818 ein neuer Friedhof eingerichtet worden war, wünschte sie, daß er dort in ein Einzelgrab umgebettet und sie selber einmal neben ihm bestattet würde.[22] Das zog sich lange hin. Erst als 1826 im Kassengewölbe Raum für neue Beisetzungen geschaffen werden mußte, verfügte das Landschaftskassen-Direktorium, es solle bei dieser Gelegenheit auch «der Sarg des Hofrats Schiller aus diesem Gewölbe wieder herausgehoben werden».[23] Nur befand sich die feuchte unterirdische Gruft jetzt in einem Zustand, der das nahezu unmöglich machte. Die übereinandergestapelten Särge waren zerborsten und verfallen, die Leichen in Verwesung übergegangen: unter geradezu fürchterlichen Bedingungen durchwühlte man am 13. und wieder am 15. März 1826 ein «Chaos von Moder und Fäulnis», ohne «Gewißheit und Wahrheit darüber zu erlangen, welches hier die irdischen Überreste Schillers seien».[24]

In dieser aussichtslosen Lage setzt Karl Leberecht Schwabe, der 1805 dafür gesorgt hatte, daß nicht die Handwerker den Sarg ins Kassengewölbe trugen, und jetzt als Weimars Bürgermeister amtiert, auf eigene Faust die Suche fort. Seine zum Stillschweigen verpflichteten Helfer arbeiten vom 17. bis zum 19. März nachts mit Hacken und Schaufeln in der Modergruft. Nach Ausweis der Totengräberlisten waren hier vor Schiller wenigstens 52, nach ihm wohl noch weitere 24 Verstorbene beigesetzt worden.[25] 23 Schädel kann man jetzt bergen. Schwabe läßt sie in seine Wohnung tragen und stellt sie noch in der Nacht vor sich auf. Da aber wird ihm, nach dem Wortlaut der ersten Fassung seines Entdeckungsberichts, eine jähe Erleuchtung zuteil. Der Echtheitserweis erfolgt durch eine wundersame Offenbarung, die eher doch der Auffindung eines wirkkräftigen Heiligenleibes entspräche: «Ich stellte sie alle auf eine Tafel; kaum aber, daß dieses geschehen war, konnte ich auch schon ausrufen, auf den größten Schädel zeigend: ‹Das muß Schillers Schädel sein!›»[26]

Was in den Berichten des Bürgermeisters folgt, zielt so entschieden auf die nachträgliche Bestätigung intuitiver Wahrheitserkenntnis, daß es als unvoreingenommen kritische, sachkundige Prüfung des Tatbestandes kaum überzeugen kann. Er selber habe bei Zirkelmessungen den für echt erkannten

Schädel ganz übereinstimmend gefunden mit den Dimensionen einer tönernen Schillerbüste, welche der Töpfer und Bildhauer Ludwig Klauer anhand der 1805 von ihm abgenommenen Totenmaske hergestellt hatte. Dann hätten drei Mediziner fachgemäße Vergleichsmessungen beider Objekte vorgenommen (wenig zuverlässige freilich nach heutigem Stand) und ihm einstimmig beigepflichtet.[27] Auch alle Laien, gibt er später an, «deren vielen ich die Tonform und den wahren Schillerschen Schädel vorlegte, überzeugten sich in den ersten Augenblicken gleich, daß Schillers Schädel vor ihnen stehe».[28]

Natürlich wurde der Staatsminister über die peinlichen Umstände der Nachsuche und den hocherwünschten Fund informiert. Aber anders als häufig angegeben, hat Goethe selber Schwabes «wahren Schillerschen Schädel» vor dem September 1826 nicht gesehen, wird er ihn einfach stillschweigend für echt genommen haben. Frei erfunden war jedenfalls die Szene, welche Julius Schwabe, der Sohn des 1851 verstorbenen Bürgermeisters, vorgeblich anhand von Aufzeichnungen und mündlichen Auskünften seines Vaters 1859 in der ‹Gartenlaube› schilderte: «Nachdem so die Echtheit des Fundes constatirt war, begab sich mein Vater mit demselben zunächst zu Goethe, dem er referirte, wie es ihm gelungen sei, den theuern Ueberrest der Vernichtung zu entziehen. Mit dem lebendigsten Interesse hörte Goethe die Mittheilungen meines Vaters an, und die tiefste Rührung war auf seinen edlen Zügen sichtbar, als er nun den Schädel in die Hand nahm und ihn sinnend betrachtete. ‹Da, sehen Sie›, sprach Goethe nach langem Schweigen, ‹sehen Sie diesen eigenthümlichen horizontalen Streifen an der oberen Zahnreihe. An ihm allein würde ich Schiller's Schädel aus Tausenden heraus erkannt haben. An keinem Menschen, außer an Schiller, habe ich diese Eigenheit je bemerkt.›»[29]

Wofür sich das deutsche Bürgertum des 19. Jahrhunderts interessieren ließ, schätzte dieses durch «alle Buchhandlungen und Postämter» zu beziehende illustrierte Familienblatt wohl richtig ein. Im gleichen Jahr schon hatte ‹Die Gartenlaube› die hier wiedergegebene Zeichnung verbreitet (Unterschrift: ‹Goethe den Schädel Schiller's suchend›), mit der diese Klassiker-Legende auch visuell einem kollektiven Gedächtnis eingegeben wurde.[30]

Vier Monate nach der Auffindung des Schädels, noch waren die zugehörigen restlichen Gebeine nicht aus dem verfallenen Kassengewölbe geborgen, starb Charlotte von Schiller, die sich gewünscht hatte, gemeinsam mit ihrem Mann auf dem neuen Weimarer Friedhof beerdigt zu werden. Sie wurde in Bonn begraben. So konnten andere Wünsche Platz greifen, und der einstweilen noch beim Bürgermeister Schwabe aufbewahrte Schädel nahm einen sehr anderen Weg.

Mündlich weitergegebene Berichte und Zeitungsartikel über die Zustände im Kassengewölbe und die Suche nach Schillers Überresten unter zerfallenen Särgen, zwischen verwesenden Leichen hatten sich weit verbreitet, und der «Skandal mit Schillers Leiche»[31] setzte Weimar so unter öffentlichen Druck, daß der Landesherr selber sich einschaltete. Am 8. September 1826 schickt sein Kanzler v. Müller eine «hochwichtige Mitteilung» an Goethe: «Des Großherzogs Königliche Hoheit meint, ob es nicht am würdigsten wäre, wenn Schillers Schädel, statt in die verhüllende und zerstörende Erde versenkt zu werden, lieber für immer auf der Bibliothek, in einem besondern, anständig einzurichtenden Behältnis, aufbewahrt würde. Die Familie ist nicht abgeneigt, hierauf einzugehen, und diesen Nachmittag 4 Uhr will der Sohn die teuern, erprobten [als authentisch ausgemachten] Überreste bei unserm Burgermeister rekognoszieren. Vorher aber wünscht unser verehrter Fürst, der durchaus nicht eingreifen, nur als Privatmann seine ohngefähre Ansicht aussprechen will, Euer Exzellenz Meinung und Urteil zu vernehmen, indem Er sich derselben fügen zu wollen im voraus erklärt.»[32]

Der alte Goethe beherrschte die Umgangsformen bei Hofe und konnte lesen: Er war es damals, der sich fügte. Erst als er am 10. November dieses Jahres an seinen Freund Boisserée schrieb: «Das Ereigniß mit den Schillerschen Reliquien hat immer etwas Apprehensives [Widerwillen und Abwehr Erregendes]», setzte er vorsichtig hinzu, er habe die Angelegenheit zwar «im Stillen geleitet und gefördert», sei aber zurückgetreten, «als man sie [mit der Translation des Schädels in die Bibliothek] gegen meinen Plan in's Öffentliche zog.»

So ging es jetzt rasch. Schon am Sonntagvormittag des 17. September versammelten sich siebzehn Herren im Saal der Großherzoglichen Bibliothek (dem heutigen Rokokosaal der Anna Amalia-Bibliothek), wo auf einem hölzernen Piedestal die lorbeerbekränzte Schillerbüste Heinrich Danneckers stand.[33] Ernst von Schiller sprach als erster und übergab «den in blaues Papier eingehüllten, versiegelten Schädel seines verstorbenen Vaters» an August von Goethe, der ihn nach seiner Rede weiterreichte an Riemer «zur Eröffnung und Beisetzung» – in dem als verschließbares Behältnis eingerichteten Piedestal unter der Marmorbüste des Toten. Schlußworte sprach der Kanzler v. Müller. Goethe war nur in Gestalt seiner von Alexander Trippel geschaffenen Marmorbüste anwesend.

Er «wollte erst selbst die heilige Reliquie in Empfang nehmen», meinte der Kanzler, «und erst um halb zehn Uhr morgens ließ er mir sagen, daß er sich zu angegriffen fühle».[34] Am gleichen Morgen erst hatte er durch seinen Sohn auch Ernst von Schiller benachrichtigen lassen: «Teurer Freund, mein Vater ist seit gestern über das Bevorstehende so ergriffen, daß ich für seine Gesundheit fürchtete. Heut früh sechs Uhr ließ er mich kommen, um mir mit Tränen zu eröffnen, daß es ihm unmöglich sei, dem heutigen feierlichen Akte selbst beizuwohnen. Ich vertrete ihn daher.»[35]

Die Rede, die der Stellvertreter hielt, war ein von Goethe selber verfaßter Rollentext. Daß man ihn eigentlich unter seine ‹Werke› rechnen muß, gilt nach Ausweis der Handschrift[36] mit größter Wahrscheinlichkeit schon für den von August mündlich vorgetragenen Wortlaut, den der Vater ihm wohl am Morgen des 17. September in die Feder diktierte; entschieden gilt es für die endgültige Fassung, die Goethe noch zweimal überarbeitet hat, bevor er ihre Reinschrift am

18

28. September dem Großherzog überreichte.[37] Auf eine der nachträglich eingefügten Passagen muß ich später noch zurückkommen. Schon bei der Bibliotheksfeier selber hatte August jedenfalls über Goethes «Gefühle», soweit sie «seinem geliebten, unvergeßlichen Freunde» galten, eingangs zu versichern (im Imperfekt), daß dessen «früher Tod einen Riß in das Leben meines Vaters brachte, welchen weder Zeit noch Mitwelt zu heilen imstande war». – Im Präsens seiner eigenen Tagebuchaufzeichnungen für diesen 17. September zeigt er sich entspannter. «Verabredung mit meinem Sohn wegen des heutigen Actes [versteht sich: und wegen Augusts Rede]. Sodann mit Ottilien nach Berka gefahren. Spazieren in der Allee und sonstigen Räumen. Kam Herr Badeinspector Schütz. Wir frühstückten. Gingen in das neue Haus, wo wir mit Vergnügen verweilten. Waren um 2 Uhr zurück.»

Die Veranstaltung, von der sich Goethe auf diese Weise fernhielt, ging nicht nur gegen seinen eigenen Plan. Sie entsprach auch keineswegs den Vorstellungen der Weimarer Geistlichkeit. In einem Bericht der Kirchenkommission erklärte der Generalsuperintendent Dr. Röhr: «Ob und was übrigens mit der Schillerschen Leiche geschehen ist, davon weiß ich als Oberpfarrer und Superintendent hiesiger Stadt offiziell bis auf diesen Tag – nichts! Nur von der Schädelzeremonie auf der Bibliothek habe ich in öffentlichen Blättern gelesen und mich in Leipzig in einer großen Gesellschaft geistreicher Männer fragen lassen müssen: ‹wie das gesittete Weimar mit seinen großen Geistern so huronenmäßig verfahren könne?› Ich hatte darauf keine Antwort, konnte aber die Frage nicht unangemessen finden.»[38] Sie spielte auf die heidnischen Bestattungsrituale eines Indianerstammes in Nordamerika an. Durch Gabriel Sagards ersten und für lange Zeit einzigen Bericht über diese Huronen wußte man nämlich, daß sie ihre Toten in Rindenschreinen auf hohe Pfähle stellten und ihre Knochen erst Jahre später, mit Tierfellen bedeckt, in Sammelgräber legten.[39] «Erde zu Erde, Asche zu Asche, Staub zum Staube» lautete hingegen die allgemein gebräuchliche Formel der evangelischen Begräbnis-Liturgie, und sie wurde verbunden mit der nachfolgenden Versicherung «gewisser Hoffnung der Auferstehung zum ewigen Leben durch unseren Herrn Jesum Christum, welcher unsern nichtigen Leib verklären wird, daß er ähnlich werde Seinem verklärten Leibe».[40] Wie die wiederholten, entschieden apologetischen Erklärungen der Veranstalter zeigen, bedachte man das sehr wohl bei der Überführung des Schädels in die Bibliothek. Aber während die leibliche Auferstehungshoffnung in kirchlichem Denken noch weithin mit einer Erdbestattung der Toten verbunden wurde, forderte das Verlangen nach irdischer Fortdauer hier gerade den Verzicht auf ‹Beerdigung›: Sollte dieser Schädel «der Zerstörung für immer entrissen» bleiben, durfte er nicht «in die verhüllende und zerstörende Erde versenkt», mußte er dem «auflösenden Moder» entzogen werden.[41]

Wenn die «Gesellschaft geistreicher Männer» in Leipzig und der Weimarer Generalsuperintendent den Umgang mit Schillers Überresten als heidnisch-«huronenmäßig» inkriminierten, hatte das schon seine Berechtigung. An indianischen Totenkulten freilich orientierte sich diese Bibliotheksfeier nicht, vielmehr folgte sie durchaus einem altchristlich-frommen Modell. Aber ihre Inszenierung liefert ein Paradebeispiel für die ‹Kunstreligion› des 19. Jahrhunderts gerade dadurch, daß sie handfeste Anleihen bei der Heiligenverehrung und dem Reliquienkult der Kirche macht und sie ins Weltliche kehrt. In seiner von Goethe nachträglich durchgesehenen, also gebilligten Rede[42] hat der Kanzler von Müller das unumwunden zur Sprache gebracht: «Wenn nun schon der kleinste sichtbare Überrest jener Guten und Trefflichen der Vorzeit, die ein frommer Sinn für immer heilig sprach, Tempel und Altäre hervorrief und noch nach Jahrhunderten dem gläubigen Pilger Segen spendet, wieviel glücklicher [sind] wir, die das edelste Gehäus, die unmittelbare Werkstätte, welche die schaffende Natur einem ihrer auserwähltesten Lieblinge auf der Stufe seiner irdischen Entwickelung anwies [Schillers Schädel also], der Zerstörung für immer entrissen sehen und demselben heiligen Tempel der Kunst und Wissenschaft [der Großherzoglichen Bibliothek nämlich] zu sorgsamster Bewahrung anvertraut, den jener hohe Geist so oft im Leben heitersten Blickes begrüßte und mit den ewigen Gebilden tiefster Forschung und zaubergleicher Dichtung schmückte!»[43] Von Goethe schwadroniert er da gar als dem «Priester dieses Tempels», spricht von «künftigen Wallfahrten» und nennt den Totenschädel, dem sie gelten würden, eine «heilige Reliquie». Andere reden ebenso. Auch Goethe selber verwendet in seinen Briefen vom 10. November an Boisserée oder vom 24. Oktober des nächsten Jahres an Zelter dieses heiligende Wort.

Das signalisiert einen Tatbestand, der weit hinausgeht über bloßen Sprachgebrauch. Was immer diesem Toten und seinen Überresten geschah, was mit ihnen getan wurde oder ihnen zustieß, was von ihnen gesagt, berichtet, behauptet worden ist – durch die Zeitgenossen schon oder sehr viel später erst, mit oder ohne Absicht und Einsicht auch: im nachhinein gewinnt es eine erstaunliche Kohärenz. In seinen entscheidenden Zügen nämlich folgt es dem Strukturmodell des christlichen Heiligen- und Reliquienkultes. Der Lage Weimars gemäß und der konfessionellen Prägung des agierenden Personals entsprechend spielen die Vorgänge, die ich dafür in den Blick nehmen möchte, auf eben dem Feld, von dem die Reformation solche ‹katholischen› Rituale einer Verehrung der Heiligen und ihrer Reliquien verbannt hatte. Aber deren Wurzeln reichten offenbar so tief, daß sie gerade auf dem umgepflügten Boden des Protestantismus (und fast ausschließlich hier) weltliche Mutanten der Heiligen- und Reliquienverehrung hervorgetrieben haben, die man durchaus als Kompensations- und Konkurrenzphänomene wird verstehen können.

Vorgaben des antiken Heroenkults aufnehmend[44], hatte die Heiligenverehrung ihren Ursprung im Märtyrerkult des frühen Christentums. Bevor sie sich mit dem Abklingen der Verfolgungen ausdehnte auch auf die asketischen Glaubenskämpfer, die großen Bekenner und andere verehrungswürdige Vorbildgestalten, galt sie den geschändet und gemartert zu Tode Gebrachten. Als Mathilde Ludendorff und deren Nachfolger ihre Legenden von Schillers Martyrium: von seiner Ermordung durch Juden und Freimaurer, von Goethes Verrat an ihm, von der Schändung und Köpfung seiner Leiche und seinem «Verbrecherbegräbnis» verbreiteten, da fügten sie der Geschichte seiner Schädelreliquie in einer an den Haaren herbeifingierten Fassung auch dieses erste Kapitel hinzu.

Die wunderbare Auffindung des Schädels im Verwesungschaos des Kassengewölbes und der Echtheitserweis durch die Erleuchtung des Weimarer Bürgermeisters bilden das nächste Kapitel dieser Hagiographie. Dahin gehört dann auch die spätere Suche nach den restlichen Teilen des Skeletts im Moder der alten Gruft. Wie einmal jedem Knochen und Knöchelchen eines Heiligen nachgespürt und alles Aufgefundene sorgsam verzeichnet wurde, so arbeiteten jetzt die von Goethe beauftragten Helfer. Ihr Abschlußbericht inventarisiert von «Sieben Halswirbeln» bis zum «ersten Glied von der linken Zehe» alle aus dem Kassengewölbe gewonnenen Stücke, und um deren ‹Echtheit› ist es unter den gegebenen Umständen wohl ebenso bestellt wie vielfach im Reliquienhandel: «daß einem der Unterzeichneten [dieses von Goethe durchgesehenen und abgezeichneten Berichts], welchen obige Geschäfte übertragen waren, das Glück beschieden gewesen, dem verewigten v. Schiller mehrere Jahre lang persönlich nahe zu stehen, machte es [gut zwanzig Jahre nach der Grablegung] zur unumstößlichen Gewißheit, daß hier kein Irrtum obwalten könne!»[45]

Diese Gewißheit wurde gründlich erschüttert, als fachkundige Anthropologen und Anatomen der Sache nachgingen.[46] 1883 setzte sich Hermann Welcker mit einer auf quantitative Morphologie gegründeten anatomischen Identifizierungstechnik über die Eingebung des Weimarer Bürgermeisters hinweg und mußte gegen seine ursprüngliche Absicht den von Schwabe ausgemachten Schillerschädel für unecht erklären.[47] Die Fachgelehrten stimmten ihm fast ausnahmslos zu, während unter den Laien ein publizistisch weit verbreiteter Entrüstungssturm über diese Abqualifizierung eines langverehrten Reliquienheiligtums ausbrach.

Welcker folgend hat dann 1911 August von Froriep aus dem mittlerweile zugeschütteten alten Kassengewölbe noch einmal 63 Schädel ausgegraben und nach aufwendigen Studien und Untersuchungen einen von ihnen als den Schillerschen bezeichnet.[48] Eine hochkarätige Gutachterkommission der Anatomischen Gesellschaft akzeptierte einstimmig diesen Befund. In der Weimarer Fürstengruft, wo jetzt nebeneinander die Eichensarkophage Schillers und Goethes aufgestellt sind, befindet sich seit 1914, abseits und ohne Namensaufschrift, ein unscheinbarer Sarg mit diesem zweiten Schillerschädel und den ihm zugeordneten Knochenresten – wie man von Verdoppelungen, ja Vervielfachungen zumal bei kleinteiligen Reliquien eines Heiligen ja auch aus dem christlichen Kult zur Genüge weiß.

Frorieps Zuschreibung blieb nicht unwidersprochen[49] und letztlich schon deshalb ungesichert, weil der Sarkophag für wissenschaftliche Untersuchungen nicht zugänglich gemacht wurde und die streitenden Fachleute für den Vergleich der verschiedenen, sehr unterschiedlich eingeschätzten Abformungen von Schillers Totenmaske mit den fraglichen Schädeln auf die Gipsabgüsse angewiesen blieben. Als 1959 Fäulnisschäden die Öffnung des Sarkophags erforderten und einen Zugang ermöglichten, wurden Fachanatomen nicht beigezogen und über die Maßzahlen keine zulänglichen Angaben mitgeteilt.[50] Aber der auf Gesichtsrekonstruktionen spezialisierte russische Anthropologe Michail Michailowitsch Gerassimow überzog 1961 einen Schädelabguß mit wächsernem Kitt in der individuell berechneten Dicke der Weichteile (seine halbseitige Rekonstruktion ist hier auf dem Buchumschlag wiedergegeben) und erklärte sich aufgrund physiognomischer Ähnlichkeit wiederum – gegen Welcker und gegen Froriep – für den Schädelfund des Bürgermeisters Schwabe.[51] Wahrscheinlich könnte eine inzwischen mehrfach geforderte DNA-Analyse die Echtheitsfrage lösen. Aber wie die katholische Kirche in einigermaßen vergleichbaren Fällen eine weise Zurückhaltung übt, hat auch die ‹Stiftung Weimarer Klassik› das bisher abgelehnt. Bedenkt man, in welche Verlegenheit die Verwaltung der vielbesuchten Fürstengruft geriete, wenn sich etwa beide rivalisierenden Schädel als unecht erwiesen, leuchtet das wohl ein.

Ist aber im Folgenden weiterhin von ‹Schillers Schädel› die Rede, meint das – unabhängig von der hier durchaus gleichgültigen Frage nach der tatsächlichen Echtheit – eben den, der am 24. September 1826 in Goethes Haus gebracht wurde und den gewiß auch er selber für den echten nahm.

Mit der feierlichen Überführung dieses Schädels aus dem alten Grab in die Großherzogliche Bibliothek (wo der Kanzler «im Namen der achtbaren Zeugen und Teilnehmer dieses heiligen Vorgangs» das Wort ergriff) wiederholte sich modellgetreu die sogenannte Translatio von Heiligenreliquien aus den ursprünglichen Grabstätten in die kirchlichen Gebäude ihrer künftigen Verehrung. Während bei den antiken Translationen die Schädel der Heroen oder ihre Gebeine fast immer in Gräbern bestattet wurden, also unsichtbar blieben[52], hat man im christlichen Kult die Überreste der Heiligen nicht wieder «in die verhüllende und zerstörende Erde versenkt» (was schon im Mittelalter nicht ganz unumstritten blieb). Auf verschiedene Weise, etwa in Kopfreliquiaren und eigenen Behältnissen für die Körperteile, wurden sie zur Schau gestellt: aus der Grabestiefe ‹zur Ehre der Altäre erhoben›. Nur war bei Schillers Translation an die Stelle eines Altars, über dem häufig ein Abbild des an dieser Stelle verehrten Heiligen zu sehen ist, das Piedestal der marmornen Schillerbüste getreten – entschieden an die nachmittelalterlichen kirchlichen Büstenreliquiare erinnernd, deren Ständer oder Sockel die vielleicht durch ein Fensterchen sichtbar gemachte Reliquie enthält.[53]

Von außen her war Schillers im Piedestal verschlossene Schädelreliquie nicht zu sehen. Aber Goethe, der die Oberaufsicht über alle Großherzoglich-unmittelbaren Anstalten für Wissenschaft und Kunst führte, also auch für die Bibliothek zuständig war, verfügte über den Schlüssel zu diesem Reliquienschrein. Nach seiner eigenen, vom Stellvertreter August bei der Translationsfeier mitgeteilten Verfügung sollte «nur solchen Personen die Anschauung des Verwahrten gestattet sein, von denen man mit Gewißheit voraussetzen kann, daß nicht Neugier ihre Schritte leitet, sondern das Gefühl, die Erkenntnis dessen, was jener große Mann für Deutschland, für Europa, ja für die ganze kultivierte Welt geleistet hat».[54] Schon vom 24. September an befand sich der Totenschädel ohnehin in Goethes Haus, und soweit man wissen kann, hat er ihn dort – mit einer einzigen Ausnahme – niemanden sehen lassen. Wahrscheinlich behielt er ihn bei sich bis zum 29. August des nächsten Jahres, an dem er ein eiliges

Billett seines Großherzogs bekam: Der in Weimar weilende König Ludwig von Bayern wolle ihn noch am gleichen Morgen mit einem Hausbesuch beehren und hernach «die Bibliothèque und daselbst Schillers S c h ä d e l   s e h n! Letzteres kannst Du nur möglich machen; deswegen ersuche ich Dich, die nötigen Anstalten dazu treffen zu lassen».[55]

Daß Ludwig über die zur «Anschauung des Verwahrten» berechtigenden Gefühle und Erkenntnisse verfügte, bestätigt sein poetischer ‹Nachruf an Weimar› vom 31. August mit den schließenden Strophen:

> Aber wie die Sonne, die die Erde
> Wärmte, mächtig zu ihr rief ein: ‹ W e r d e ! ›
> Das, wenn jene sich in's Meer gesenkt,
> Fort noch wirket, so des Dichters Worte,
> Unabhängig von der Zeit, vom Orte,
> Wird durch sie die Nachwelt noch gelenkt.
>
> So wird, was in Weimar sie bekommen,
> Nie der Menschheit jemals mehr genommen,
> Große Männer, niemals euch der Ruhm.
> Wenn ihr alle, alle auch gefallen,
> Wird, wo ihr gelebt, man hin noch wallen,
> Weimar bleibet Teutschlands Heiligthum.

Aber die Verse über den eigenen Pilgergang des Königs am 29. August geben unter Reimzwang (Lippe → Gerippe) ein etwas schiefes Bild –

> Nicht berühren durft' ich deine Lippe,
> Knüpfen nicht der Freundschaft ew'gen Ring,
> Sehen konnte nur ich das Gerippe,
> Das die schönste Seele einst umfing,
> Den betrauern, der so früh verging.[56]

Was er gesehen hatte, war gewiß kein «Gerippe» sondern der im Piedestal von Danneckers Schillerbüste untergebrachte

Schädel, der mittlerweile wohl auch dort unter seinem Glas-
sturz lag. Wie dieses Behältnis aussah, in dem die «heilige Reliquie» am 8. November 1826 im Gotheschen Hause «aufgestellt» worden war, ist in der Rechnung des Herstellers
beschrieben: «Ein Glaskasten über einen Totenkopf, mit Silber
eingefaßt, Gestelle mit Sammet gefüttert», dazu ein «Korkholz
zum Befestigen des Kopfs».[57] Seit dem 13. Jahrhundert wurden
die Überreste der Heiligen häufig auch in kristallene oder gläserne Behältnisse gelegt, um sie sichtbar zu machen; seit dem
späten sechzehnten Jahrhundert dann sind im römisch-katho-
lischen Kultus kastenförmige Reliquiare gebräuchlich, welche
mit fensterartigen Durchbrüchen die ‹heilbringende Schau›
auf das darin Verwahrte ermöglichen[58]; noch im Juni 2001
wurde der Leichnam des seliggesprochenen Papstes Johannes
XXIII in einem gläsernen Schrein unter den Hieronymus-
Altar des Petersdoms verbracht. Rückt man das für Schillers
Schädel geschaffene Weimarer Glasgefäß in diesen Kontext,
wird die Botschaft der Form hier unüberhörbar.

Gewiß mangelte der Verehrung, die man Schillers Schädel als «heiliger Reliquie» entgegenbrachte, gänzlich die im
katholischen Glauben verankerte Vorstellung, daß der Heilige
einen Sündennachlaß bewirken könne. Aber die Hoffnung,
daß er dem danach Verlangenden überhaupt Hilfe zu geben
vermöchte, fand ihre Entsprechung hier im Glauben an die
Kunst als Lebenshilfe: an eine von den Werken des Verehrten
ausgehende weltliche Erbauung, Stärkung, Besserung und Erziehung des Menschengeschlechts.

Auch was weiter mit dem Schädel geschah, den Schröter
und Färber am 24. September 1826 aus der Großherzoglichen Bibliothek in Goethes Haus am Frauenplan gebracht
hatten und den der König von Bayern dann am 29. August

1827 wieder in der Bibliothek gesehen hat, folgt den vor-
geprägten Spuren der Heiligenverehrung und des Reliquienkults – mitunter in geradezu abenteuerlich pervertierter
Weise. Das will ich hier nur noch skizzieren.

Schon in der Rede seines Sohnes vom 17. September hatte
Goethe andeuten lassen, daß er sich die Bibliothek durchaus nicht als endgültige Aufbewahrungsstätte dachte. Am
19. Januar des folgenden Jahres schreibt er an Boisserée, er habe
(um «das endliche Ende vorzubereiten», das eigene nämlich)
ein Grabmal auf dem neuen Weimarer Friedhof «projektiert,
wo sie dereinst meine Exuvien und die Schillerschen wiedergewonnenen Reste zusammen unterbringen mögen». Da spricht
er selber nun nicht mehr von Reliquien, sondern benutzt –
bemerkenswert genug im Blick auf das später hier zu Beden-
kende – für die eigene Person das Wort «Exuvien», das als
naturkundlicher Begriff eigentlich die abgestreifte tierische
Körperhülle, etwa die Schlangenhaut meint, also nicht dem
Tode sondern dem gestaltenwandelnden Leben gilt: ein Sinnbild der Metamorphose. Der Kanzler von Müller, der Weimarer
Oberbaudirektor Coudray (der schon mit Entwürfen für ein
über dem Doppelgrab zu errichtendes Monument beschäftigt war[59]) und der Bürgermeister Schwabe hätten die Aus-
führung seines Plans übernommen, und so glaube er, den
Meinungsstreit in dieser Angelegenheit «zu allgemeiner sitt-
lich-religioser Zufriedenheit aufgelöst und beschwichtigt zu
haben».

Aber die weiterhin widerständige Geistlichkeit lehnte ein
solches «Denkmal auf dem Totenacker» entschieden ab.[60]
Auch hatte der Bayernkönig wohl wenig Gefallen gefunden an
einer bibliothekarischen Verwahrung der Reliquie. Kurzum,
am 24. September 1827 erging eine neue Anweisung des Großherzogs an den Staatsminister von Goethe: «Es wird so ver-
schiedentlich über die Aufbewahrung der Schillerschen Relik-
ten (seines Kopfes und Skeletts) auf hiesiger Bibliothèque hin

und her geurteilt und meistens wohl mißbilliget, daß ich es für ratsam halten möchte, selbige in dem Kasten, in welchem sie liegen, inclusive des Hauptes, von welchem vorher noch ein Abguß zu nehmen wäre, in die Familiengruft einstweilen setzen und aufheben zu lassen, welche ich für mein Geschlecht auf dem hiesigen neuen Friedhof habe bauen lassen, bis daß Schillers Familie einmal anderes darüber disponiert.»[61]

So kam es zu einer zweiten Translation. Noch vor Tagesanbruch und überhaupt ohne Aufsehen wurde ein eichener Sarg, in den man den Schädel und die dazu noch geborgenen Knochen gelegt hatte, am 16. Dezember 1827 in die Fürstliche Begräbnisstätte überführt. Diesmal: Handwerker trugen ihn. Erst in den oberirdischen Kapellenraum, dann in die Gruft hinab, wo er mit standesgebührlichem Devotionalabstand von den Särgen der Dynastie den ihm verordneten Platz fand. Dort «wurde nunmehr der Deckel des Sarges abgenommen und der Versammlung der Anblick der irdischen Reste dieses großen Mannes durch teilweise Emporhebung der darauf befindlichen Decke vergönnt» – «vergönnt», schreibt der keineswegs von Thomas Mann erfundene Hofsekretär Zwierlein in seinem Protokoll.[62]

Nach Goethes Tod stellte man, am 26. März 1832, den Sarkophag mit seinen «Exuvien» neben die «Schillerschen wiedergewonnenen Reste» – wie er es fünf Jahre zuvor für «das endliche Ende» im Sinn gehabt hatte. Das von Carl August gewährte einstweilige Gastrecht in der fürstlichen Familiengruft nahmen nun beide in Anspruch, und bald schon drängten diese Gäste ihre alten Gastgeber beiseite. Am Ende wurden sie auf ein steinernes Doppelpodest an der Westwand erhoben: zwei ‹Dichterfürsten›, die nun auf andere Weise wieder Abstand einhalten von den mittlerweile seitlich ins Dunkel der Gruft gerückten anderen Särgen. So wurde es ein Provisorium auf Dauer.

Freilich, daß man Schillers und Goethes ‹letzte Ruhestätte› heute noch in Weimar finden kann und ihrer durchaus ‹sterblichen Überreste› nicht vielmehr in Jena gedenken muß (in einer ehemaligen Militär- oder Polizeianlage etwa oder auf einem damals noch nicht bebauten Gelände), dafür bedurfte es noch einmal eines Wunders, wie es in manchen Legenden von Heiligenreliquien berichtet wird.

Zum Schutz vor den Bombenangriffen der Alliierten hatte der Gauleiter und Reichsstatthalter von Thüringen beide Sarkophage im Dezember 1944 bei Nacht aus der Fürstengruft in einen Jenaer Luftschutzbunker transportieren lassen, der als Sanitätsrettungsstelle diente. Aber als die amerikanischen Kampftruppen näherrückten, verlor dieser Rettungsversuch seinen Sinn und verkehrte sich buchstäblich ins Gegenteil.

Im März 1945 erging Hitlers Generalbefehl zur Zerstörung aller dem Feinde nutzbaren Militäranlagen, Industriebetriebe und Infrastrukturen, der die Gauleiter für die Vernichtung auch der nicht näher bestimmten «Sachwerte innerhalb des Reichsgebietes» verantwortlich machte.[63] «Es werden Jahrhunderte vergehen», heißt es in Hitlers ‹Politischem Testament› vom 29. April 1945, «aber aus den Ruinen unserer Städte und Kunstdenkmäler wird sich der Hass gegen das letzten Endes verantwortliche Volk immer wieder erneuern, dem wir das alles zu verdanken haben: dem internationalen Judentum und seinen Helfern.»[64] Es lag durchaus in der Konsequenz solcher Vorstellungen, daß die Vernichtungswut der abtretenden Machthaber dem ‹Volk der Dichter und Denker› auch seine nationalen Heiligtümer zu nehmen suchte. So erhielt der für den Jenaer Bunker zuständige Luftschutzarzt[65] (wohl am 10. April) die Anweisung, beide Sarkophage einem Trupp des ‹Instandsetzungsdienstes› zur Vernichtung zu übergeben, bevor die amerikanischen Einheiten Jena erreichten und sie ‹in Feindeshand fallen› konnten. Offenbar hat der flüchtende Gauleiter selber noch diesen Sprengungsbefehl hinterlassen. Nur hatte der Jenaer Arzt die beiden Särge inzwischen in einen Nebenraum des Bunkers schleppen lassen, wo sie hinter Medikamentenschränken und unter aufgehäuftem Verbandsmaterial so versteckt werden konnten, daß der am 12. April anrückende Sprengtrupp erfolglos nach ihnen suchte.

Am 13. April wurde Jena von amerikanischen Truppen besetzt. Am 26. April kam der Schriftsteller Emil Ludwig nach Weimar, ein Emigrant, der die Fürstengruft aus seiner Kinderzeit kannte und jetzt im Auftrag des Oberkommandierenden der amerikanischen Streitkräfte durch Deutschland fuhr. Unter dem 27. Juli 1945 berichtete er in einem New Yorker Wochenblatt[66], er habe mit einem Kranz zu den beiden Sarkophagen gehen wollen, die «ein Wallfahrtsort der Deutschen gewesen waren.» Vagen Auskünften folgend, habe er sich auf die Suche nach den verschwundenen Särgen gemacht, habe den Jenaer Bunker schließlich gefunden und der Schlüssel wegen nach dem zuständigen Luftschutzarzt gefragt, der sie vor der Vernichtung bewahrt hatte; «Mitglied der SS» sei der gewesen und solle verhaftet worden sein: «der Mitarbeit in Buchenwald verdächtig».[67] Mit einem Dietrich wäre er dann hineingelangt und habe die übereinandergestellten Särge tatsächlich entdeckt: «Ich beleuchtete mit einem Streichholz die Aufschrift auf dem unteren Sarg und las die Buchstaben ‹Schiller›. Der obere Sarg Goethes war mit der Inschrift gegen die Mauer gerückt worden. Die Menge, die nachgedrängt war, stand lautlos, denn alle verstanden, was der Vorgang bedeutete. Ich rezitierte leise die ersten von jenen Versen, die Goethe ‹bei Betrachtung von Schillers Schädel› schrieb» – in eben dem Gedicht, auf das diese Abhandlung zugeht. Der 13 Jahre zuvor aus Deutschland vertriebene Jude hatte sie nicht vergessen.

Auf Anordnung des amerikanischen Stadtkommandanten von Weimar wurden beide Sarkophage am 12. Mai 1945 in die Fürstengruft zurückgebracht – «bedeckt mit Kränzen und amerikanischen Fahnen», wurde später behauptet; «Die Soldaten präsentierten das Gewehr, es wurde eine Minute geschwiegen, man war ergriffen.»[68] Fotografien dieser Vorgänge zeigen freilich nur einen kleinen offenen Lastwagen, nichts von Fahnen, auf jedem der beiden Särge einen bescheidenen Kranz der Amerikaner, und sein Gewehr präsentierte einzig der PKW-Fahrer des Stadtkommandanten, der den Transport begleitete.[69] Immerhin: Ergriffenheit darf man den wenigen deutschen Teilnehmern an diesem Akt doch zugestehen, ohne ironischen Unterton. Auch Weimars Einwohnerschaft kann in dieser Zeit des Zusammenbruchs wohl nicht unberührt geblieben sein, als ein Flugblatt des Stadtvorstandes ihr die Heimholung «der in der ganzen Welt verehrten Heiligtümer der Nation» bekanntmachen durfte.[70]

Denn die «künftigen Wallfahrten», die der Kanzler von Müller schon imaginierte, als nur erst Schillers «heilige Reliquie» in die Großherzogliche Bibliothek überführt wurde, waren nicht ausgeblieben. Eine nach Goethes Tod gedoppelte Anziehungskraft der Fürstengruft zog seit dem späteren 19. Jahrhundert Wallfahrer tatsächlich aus der ganzen Welt und seit dem Beginn des 20. Jahrhunderts wahre Pilgerströme des verehrungsfreudigen Bürgertums nach Weimar, vor allem − wie immer schon im Heiligenkult − an den festlich begangenen Jahrestagen dieser neuen Nationalheiligen. Die auf der Nebenseite wiedergegebene Zeichnung der Leipziger ‹Illustrirten Zeitung› zu Schillers hundertstem Geburtstag am 10. November 1859 mag einen Eindruck auch vom kultischen Charakter solcher Inszenierungen vermitteln. Freilich hat man die Rituale dieser tief im bildungsbürgerlichen Kollektivgemüt haftenden Denkweisen und Verhaltenstraditionen in den Jahren der Hitlerdiktatur und während der stalinistischen Gezeiten zu modifizieren versucht, sie

in politische Dienste genommen und dann zunehmend auch für die wirtschaftlichen Interessen des Kulturtourismus genutzt. Aber zum Erliegen kamen sie dabei nicht, bis heute nicht.

Als man die sozialistische ‹Erbepflege› der DDR zu propagieren begann, wurden für das Goethe-Jubiläum 1949 Kreuz und Altar aus dem Kapellenraum der Fürstengruft entfernt. Auch die mehrdeutig prophetischen Trostverse 5–6 des 126. Psalms über dem Eingangsportal («Die mit Thränen säen, werden mit Freuden aerndten...») wurden damals übertüncht. Aber selbst diese im Schillerjahr 1955 fortgesetzte und abgeschlossene Umgestaltung in eine der nationalen ‹Gedenkstätten› der klassischen deutschen Literatur, zu der nun nicht nur Einzelbesucher kamen, sondern ganze Delegationen von weither geleitet wurden – selbst diese Metamorphose in eine entschieden pagane Kultstätte konnte die tief eingeprägten Züge der alten Grundstruktur nur oberflächlich verdecken.

Vor zwei Jahren wurden sie aufs neue sichtbar und lesbar. Und noch einmal ist das Phänomen, dem ich hier nachgehe, nicht schon in der Handlung selber kenntlich geworden, sondern erst durch das, was man ihr im nachhinein zugeschrieben hat. Dabei spielten Schillers Schädel und Gebeine nur eine stützende Nebenrolle. Es ging um Goethes Leichnam in dem neben ihm stehenden Sarkophag und geht jetzt um einen Vorgang noch in der DDR des Jahres 1970 – in seiner westdeutschen Interpretation anläßlich des Goethe-Jahres 1999.

Im November 1970 nämlich hatte man festgestellt, daß bei dem undicht verschlossenen Goethe-Sarkophag Folgen der Verwesung von außen deutlich bemerkbar wurden. Mit dem Direktor des für die Fürstengruft zuständigen Goethe-Nationalmuseums nahmen fachkundige Archäologen, Pathologen und Restauratoren eine nähere Untersuchung vor. Es ergab sich, daß der eichene Sarkophag irgendwann aufgebrochen und die innere «Bleiauskleidung» angeschnitten worden war, und daß sich der Leichnam in einem Verwesungszustand befand, der zu raschem Handeln nötigte. Die Möglichkeit, den zerfallenden Leib in einen Glassarg oder Kunststoffbehälter einzuschließen und ihn so wieder in den Sarkophag zurückzulegen, wurde erörtert und mit Rücksicht auf die extremen Feuchtigkeits- und Temperaturschwankungen in der Gruft verworfen (was für das Folgende bedeutsam wird). Die Beteiligten wußten, daß der Chefrestaurator und die Präparatoren der Weimarer Museen bereits 1963 in ihrem Bericht über eine frühere Sarkophagöffnung vorgeschlagen hatten, den schon damals «völlig unwürdigen Zustand» durch eine Reinigung der Gebeine zu beheben.[71] Man öffnete jetzt auch den Schillerschen Sarkophag und entschied sich danach an Ort und Stelle einstimmig, Goethes Überreste einer ‹Mazeration› zu unterziehen – wie sie mit Schillers Schädel und Gebein schon vorgenommen worden war: zwei Jahrzehnte nach seinem Tod auf die damals mögliche Weise durch den Jenaer Anatomie-Prosektor Schröter und dessen Gehilfen Färber, fachgerechter

dann noch einmal 1969 von der Weimarer Restaurierungs-
werkstatt. Goethes Leichnam wurde wenig später in Weimars
Museum für Ur- und Frühgeschichte gebracht und nach der
dort vorgenommenen Mazeration wieder in seinen Sarkophag
in der Fürstengruft gebettet.

Das alles geschah, wie eigentlich selbstverständlich, unter
Ausschluß der Öffentlichkeit. Auch die drei Gänge zur Fürstengruft unternahm man jeweils am späteren Abend, um den
Besucherverkehr dort nicht zu behindern und überhaupt ein
unnötiges Aufsehen zu vermeiden. Die Bestandsaufnahme in
der Gruft und alle anschließenden Maßnahmen, Vorgänge, Er-
gebnisse wurden protokolliert. Dieser durch zahlreiche foto-
grafische Dokumente ergänzte, maschinenschriftliche ‹Bericht
über die Besichtigung, Ausbettung, Mazeration und Wieder-
einbettung der sterblichen Überreste Johann Wolfgang von
Goethes im November 1970›, ein von Emotionen freigehalte-
ner, sachlich-nüchterner Text, entsprach absolut den für die
Arbeiten von Konservatoren und Restauratoren geltenden
Regeln. Er kam zu den Akten, gelangte 1992 aus dem zuständigen Institutsarchiv ins Goethe-Nationalmuseum und wurde bei Nachfragen aus sachbezogenem, wissenschaftlichem
Interesse zugänglich gemacht, blieb aber der bloßen Neugier
oder Sensationshascherei entzogen. – Soweit der Tatbestand.

Der rote Faden des Heiligen- und Reliquienkults, den ich hier
verfolgt habe, wird drei Jahrzehnte nach den eben geschil-
derten Vorgängen noch einmal sichtbar – in einem Aufsatz,
welcher die Weimarer Mazerations-Akte, die dem Verfasser
auf offenbar inkorrekte Weise verfügbar gemacht wurde, in
die Öffentlichkeit zog. Ein Zeitungsartikel war das, dem seine
publizistische Inszenierung ein durchs Fernsehen noch weiter
verbreitetes Aufsehen verschaffte und eine rezeptions- und
wirkungsgeschichtliche Bedeutung gab, wie die Produktio-
nen des journalistischen Tagesgeschäfts sie nur selten gewin-

nen. Er erschien in der ‹Frankfurter Allgemeinen Zeitung für Deutschland› vom 18. März 1999, also wohlkalkuliert kurz vor Goethes Todestag im Jahr der 250. Wiederkehr seines Geburtstages. Stach ins Auge mit großen Aufnahmen seines ausgeräumten offenen Sarkophags auf der ersten und seines gereinigten Schädels auf der zweiten Seite, die der fotografischen Dokumentation in der Weimarer Verschlußsache entnommen waren. Erklärte die ‹Sonderakte Mazeration Goethe› in seinen Schlußworten zum «sonderbarsten Text dieses Goethe-Jahres», verkündete in der Überschrift die spektakuläre Botschaft: ‹Eine Trophäe für den Sozialismus› und konnte das mit einer verkauften Auflage von 416 000 Exemplaren verbreiten.

Freilich wurde diese politische Instrumentalisierung der «Reliquie» durch ein fadenscheiniges Argumentationsgewebe nurmehr suggeriert. Über den Transport des Leichnams aus der Fürstengruft ins Weimarer Museum für Ur- und Frühgeschichte und wieder zurück in die Gruft heißt es, da sei «im Schutz der Nacht gearbeitet» worden. Überhaupt sei es ums «Verbergen und Verstecken» gegangen – machten die dem Mazerationsbericht beigegebenen Fotografien doch bewußt, «mit welcher Roheit hier ein Konservierungsverfahren angewendet wurde, das man bei der Restauration von Grabstätten aus der Urzeit zu benutzen pflegt, bei Tierkadavern oder bei der Herstellung von Skeletten für den Anatomiesaal». – Über diese Bilder hat sich unmittelbar nach Goethes Todestag, am 23. März 1999, in der gleichen Zeitung Durs Grünbein geäußert: «Wenn irgend etwas an der Aktion ‹Mazeration Goethe› verstört, dann ist es die unermüdliche Wühlarbeit, mit der eine Aura hier untergraben wird – und wie sich heute zeigt, von zwei Seiten. Bis gestern war sie dem jüngsten Schulkind noch selbstverständlich. Eines Tages wird man sich unter der Bank Fotos von Goethes entstellter Leiche zeigen. Dann stolpert auch er mit durchs Gruselkabinett.»[73] Wie immer es um das Bewußtsein der Goetheschen «Aura» bei heutigen

Schulkindern bestellt ist, unter der Bank zeigen sie sich wohl anderes. Aber nachdem diese Charakterisierung des Goethe-Bildes durch einen Schriftsteller solchen Ranges auf derart breitenwirksame Weise mitgeteilt worden ist, möchte ich wenigstens mit der hier auf Seite 90 ff. befindlichen Anmerkung versuchen, die Sache ein wenig zurechtzurücken.[74]

Die aus dem Vorgehen der Konservatoren abgeleitete «Geheimhaltung» (die jedenfalls ein allgemeines Kennzeichen offizieller Informationspolitik in der DDR war und angesichts der in diesem Fall abzusehenden Behandlung durch ‹kalte Krieger› und ‹Paparazzi› nicht einmal unverständlich bleibt) wird nun im nächsten Schritt des zur Rede stehenden Artikels als Indiz genutzt – für «ein Geheimnis, dem Verdächtigen benachbart».

Auf die politischen Machthaber der DDR, die mit der Mazeration wohl wirklich nichts zu tun hatten[75], konnte sich die hier noch unbestimmte Verdächtigung nicht richten. Doch heißt es, «Menschen, die von der Öffnung des Sargs gewußt haben müssen» und dem recherchierenden Verfasser gesagt haben sollen, sie hätten von einem solchen Unternehmen nie gehört, sagten das «auf eine Weise, die das Gegenteil ahnen läßt». Messerscharfer Verallgemeinerungsschluß aus dieser Ahnung: «Die DDR muß eine Gesellschaft von Verschwörern gewesen sein.» Jetzt kommt heraus, worum es den dieser Verschwörergesellschaft angehörigen Weimarer Restauratoren ging: Sie verübten einen «Eingriff, der die sterblichen Reste für die Ewigkeit erhalten sollte». Denn – «Der DDR erschien, getreu ihrer materialistischen Philosophie vom Menschen, gerade die Vergänglichkeit Goethes wie ein Vergehen gegen den Anspruch der sozialistischen Gesellschaft auf das Erbe der klassischen deutschen Kultur. Wer sich noch an diese Debatte zwischen den beiden deutschen Staaten erinnert, der kommt nicht umhin, sich zu fragen, warum Goethe als Trophäe hergerichtet wurde. Und er fragt sich weiter, was mit diesem

Leichnam, den man wie die Reliquien eines Heiligen präpariert hatte, noch geschehen sollte.»

Ein finsteres ‹Was noch?›. Durch das Protokoll der Pathologen und Restauratoren, heißt es, ziehe «ein seltsamer Ton». Den «glaubt man zum Beispiel in den – verworfenen – Vorschlägen zu vernehmen, das Skelett im Sarkophag wie Lenins Leichnam in einen Glas- oder Kunststoffbehälter zu betten». Von Lenin ist nicht die Rede in diesem Mazerations-Bericht, und der damals als Alternative bedachte Glas- oder Kunststoffbehälter mit dem verwesenden Leichnam sollte jedenfalls in den Sarkophag gestellt werden, also unsichtbar bleiben. Aber der eigenmächtige Vergleich mit dem sowjetischen Revolutionsführer, den man – durchaus in der russischen Tradition der Heiligenverehrung – in das gläserne Reliquiar gebettet hatte, an dem auf Moskaus Rotem Platz die Pilgerströme vorbeizogen, weist die Leserantwort auf die Verfasserfrage nach dem ‹Was noch?› in die erwünschte Richtung.

Mit den Tatsachen hat das wenig zu tun. Als bloße Unterstellung rückt dieser letzte Beitrag zu einem durch zwei Jahrhunderte hin geführten Diskurs die als «Trophäe des Sozialismus» ausgegebenen «Reliquien des Dichterkultes» in das Feld politisch-ideologischer Auseinandersetzungen. Auch solche Instrumentalisierungen kennt man aus der Geschichte der christlichen Heiligenverehrung.

D er Tag, zu dem hin (seit 1805) und von dem her (bis 1999) diese fast zweihundertjährige ‹Reliquien›-Geschichte des Schillerschen Schädels geführt hat, war jener 24. September 1826, an dem Schröter und Färber ihn aus der Großherzoglichen Bibliothek ins Haus am Frauenplan trugen. Bis zum 29. August des nächsten Jahres, an dem der König von Bayern ihn wieder in der Bibliothek gesehen hat, gibt es von dem Totenkopf, den Goethe bei sich aufbewahrte, keine Nachricht mehr. Weder in seinen eigenen Aufzeichnungen noch in seiner Korrespondenz noch in den Gesprächsberichten seiner Besucher auch nur die leiseste Andeutung – mit einer einzigen Ausnahme. Für den 29. Dezember 1826 nämlich vermerkt Goethes Tagebuch: «Abends [zum Essen] Herr Canzler von Müller, Herr von Humboldt, Herr Professor Riemer. Beyde letztere blieben.» Und dann: «Exuvien von Schiller und Betrachtungen darüber.»

Am gleichen Tag noch (spät abends wohl und deshalb mit etwas ungenauer Angabe über die Zeit seines Besuches im Goethehaus) schreibt Wilhelm von Humboldt an seine Frau in Tegel, was er eben erlebt hat[76]: «Heute nachmittag habe ich bei Goethe Schillers Schädel gesehen. Goethe und ich – Riemer [der Verschwiegene, Vertraute] war noch dabei – haben lange davor gesessen, und der Anblick bewegt einen gar wunderlich. Was man lebend so groß, so teilnehmend, so in Gedanken und Empfindungen bewegt vor sich gesehen hat, das liegt nun so starr und tot wie ein steinernes Bild da. Goethe hat den Kopf in seiner Verwahrung, er zeigt ihn niemand. Ich bin der einzige, der ihn bisher gesehen, und er hat mich sehr gebeten, es hier nicht zu erzählen.»

Es folgt, was offenbar Goethe selber ihm mitgeteilt hat über die Auffindung des Schädels im Kassengewölbe und seine Translation in die Bibliothek – «Jetzt liegt er auf einem blausamtenen Kissen, und es ist ein gläsernes Gefäß darüber, das man aber abnehmen kann.» Daß das wohl auch geschah und man den Totenschädel des gemeinsamen Freundes wahrhaftig in die Hand nahm, wird schonend übergangen in Humboldts Brief. Goethes Absicht, schreibt er, sei doch «allein gewesen», den Schädel und die in der Bibliothek niedergelegten übrigen Gebeine «schicklich und anständig aufzubewahren, bis man sie der Erde auf eine angemessene Weise zurückgeben könnte.   So, liebe Li, wirst Du auch nichts hierin finden, das irgendeine Zartheit verletzte. Vielmehr liegt in der Vereinigung zweier großer Männer, die sich so nahe im Leben standen, auch im Grabe etwas Schönes und edel Empfundenes. Goethe spricht von seinem eigenen Tode mit einer großen Ruhe und Gelassenheit, mit mehr selbst, als ich erwartet hätte». Als handele es sich nur um das gemeinsame Grab der beiden und nicht allererst um das höchst heikle häusliche Reliquiar, bietet der Schreibende alles auf, was Goethes Verhalten könnte annehmbar erscheinen lassen. Nur stehen im Mittelteil seines Briefes fünf Sätze, die zu erkennen geben, daß es da gar nicht so sehr um pietätvolle Fürsorge für den toten Freund, ums Schickliche und Anständige ging:

«Man kann sich wirklich an der Form dieses Kopfes nicht satt sehen. Wir hatten einen Gipsabguß von Rafaels Schädel daneben. Der letztere ist regelmäßiger, gehaltener, in ganz gleich verteilter Wölbung. Aber der Schillersche Kopf hat etwas Größeres, Umfassenderes, mehr auf einzelnen Punkten sich ausdehnend und entfaltend, neben anderen, wo Flächen oder Einsenkungen sind. Es ist ein unendlich ergreifender Anblick, aber doch ein sehr merkwürdiger.» Hier wird aufgedeckt, was den alten Mann, der den Tod doch in keiner seiner Manifestationen ‹statuieren› wollte, tatsächlich bewogen hat, sich dem Anblick des Schillerschen Totenschädels auszusetzen: Mit den Augen eines Osteologen hat er ihn betrachtet.

Das Interesse an diesem Bereich der Naturkunde reicht weit zurück in Goethes Lebensgeschichte. Schon am 14. November 1781, wenn er die in Straßburg begonnenen, eher flüchtigen anatomisch-osteologischen Studien unter Anleitung des Mediziners Justus Christian Loder in Jena gründlicher fortsetzt und das sogleich auch für seinen Unterricht an der Weimarer Zeichenschule nutzt, schreibt er an Lavater einen Satz, der ihm bis an sein Lebensende gültig bleibt: Er behandele «die Knochen als einen Text, woran sich alles Leben und alles menschliche anhängen läßt».

Wortwörtlich gilt das für seinen berühmt gewordenen ‹Versuch aus der vergleichenden Knochenlehre, daß der Zwischenknochen der obern Kinnlade dem Menschen mit den übrigen Tieren gemein sei›[77]. Er wurde 1784 handschriftlich verfaßt und in mehreren Exemplaren verschickt, war konzipiert worden in Zusammenarbeit mit Loder, im Kontakt auch mit dem Hirn- und Schädelforscher Soemmerring, von dem Goethe sich sogar den Schädel eines in Kassel verendeten indischen Elefanten schicken ließ, und mit dem Anthropologen Blumenbach, der in Göttingen seine berühmte Schädelsammlung anlegte[78], in wechselseitigem Gedankenaustausch schließlich mit Herder, von dem Charlotte von Stein damals schreibt, seine «neue Schrift macht wahrscheinlich, daß wir erst Pflanzen und Tiere waren; was nun die Natur weiter aus uns stampfen wird, wird uns wohl unbekannt bleiben. Goethe grübelt jetzt gar denkreich in diesen Dingen, und jedes, was durch seine Vorstellung gegangen ist, wird äußerst interessant. So sind mir's durch ihn die gehässigen Knochen geworden».[79]

Was er den als «Text» behandelten Knochen hier dadurch glaubte ablesen zu können, daß er die dem Schädel eingeschriebenen Spuren entzifferte, gibt der Titel seiner Abhandlung an: Ein ‹Zwischenknochen der obern Kinnlade [sei] dem Menschen mit den übrigen Tieren gemein› — während dieses Os intermaxillare nach vorherrschender Ansicht der zeitgenössischen Anatomen und Anthropologen doch gerade «ein Unterscheidungszeichen zwischen dem Affen und Menschen» abgab.[80] Als separierbaren Knochen freilich gibt es das kleine zweiteilige Gebilde der Tierschädel (das den Oberkiefer nach vorn hin abschließt und die Schneidezähne trägt) im Schädel des erwachsenen Menschen nicht. Wohl aber lassen sich hier mitunter noch rudimentäre Suturen oder Fissuren ausmachen, die das fest mit dem Kiefer verwachsene Knochenstück markieren (am deutlichsten in einer Frühphase der embryonalen Entwicklung, die Goethe selber freilich gar nicht einbezogen hat in seine

Untersuchungen). Ob man diese Spur als eine verbindende Naht oder als abgrenzenden Spalt verstand und dem Menschen daraufhin einen Zwischenkieferknochen absprach oder zuerkannte, war eigentlich nur Ansichtssache.

Aber Goethe (der das Os intermaxillare «auch beim Menschen» im Sinn wissenschaftlicher Priorität keineswegs ‹entdeckt›, sondern eher doch wiedergefunden hatte[81]) sah durch diesen Befund seine Vorstellungen von einem für alle höheren Säugetiere geltenden gesetzhaft-einheitlichen Bauplan des Knochengerüstes bestätigt. Jubelnd schrieb er am 27. März 1784 an Herder: «Ich habe gefunden – weder Gold noch Silber, aber was mir eine unsägliche Freude macht – das os intermaxillare am Menschen! Ich verglich mit Lodern Menschen- und Thierschädel, kam auf die Spur und siehe da ist es. Nur bitt' ich dich, laß dich nichts merken, denn es muß geheim behandelt werden. Es soll dich auch recht herzlich freuen, denn es ist wie der Schlußstein zum Menschen, fehlt nicht, ist auch da!»

Bis auf den unmittelbar beteiligten Loder teilten die Koryphäen der Anatomie diese Begeisterung nicht. An der Zustimmung von Petrus Camper in den Niederlanden, von Soemmerring und Blumenbach mußte Goethe besonders gelegen sein: sie äußerten sich entschieden ablehnend, allenfalls ausweichend oder verhalten.[82] Goethe, tief enttäuscht von den unbelehrbar-bornierten Fachwissenschaftlern, schrieb über Camper, «daß man einen Meister nicht von seinem Irrtum überzeugen könne, weil er ja in seine Meisterschaft aufgenommen und dadurch legitimiert ward», und über Soemmerring: «Einem Gelehrten von Profession traue ich zu daß er seine fünf Sinnen abläugnet. Es ist ihnen selten um den lebendigen Begriff der Sache zu thun, sondern um das was man davon gesagt hat.»[83] Aber er hat nie widerrufen. Noch vier Jahrzehnte später, zwei Jahre also, bevor er mit Humboldt den Schillerschen Schädel betrachtete, hält er fest: «Die Anerkennung des Zwischenknochens auch beim Menschen war deshalb von so großer Bedeutung, weil zugleich die Konsequenz des osteologischen Typus durch alle Gestalten hindurch zugestanden wurde.»[84]

Von dem, was Schillers Schädel ‹mit den übrigen Tieren gemein› hatte, wird Caroline von Humboldt nichts zugemutet im Brief ihres Mannes. Aber daß da auch über den Zwischenkieferknochen geredet wurde, steht außer Zweifel. Das abendliche Gespräch mußte bei beiden die Erinnerungen an den Jenaer Winter 1794/95 wachrufen, in dem Goethe den Brüdern Humboldt seine Vorstellungen vom «osteologischen Typus» entwickelt hatte, dessen gesetzhafte Konsequenz ihm das menschliche Os intermaxillare bezeugte.[85] Und daß bei der Betrachtung des Schillerschen Schädels tatsächlich noch einmal die alte Zwischenkieferknochen-Entdeckung aufkam, mit weitreichenden Folgen, läßt sich auch dem Terzinen-Gedicht ablesen, von dem am Ende dieser Abhandlung die Rede sein wird. Noch einmal mag der alte Osteologe seinem Besucher jetzt demonstriert haben, wo das für ihn so unendlich aufschlußreiche kleine Knochenteilchen seinen Sitz hat, indem er den Schädel aus dem Glasgehäuse nahm und ihn so wendete, daß man den Gaumen besehen konnte. Schon in seiner Schrift von 1784 hatte er erklärt: «Am meisten wünschte ich daß meine Leser Gelegenheit haben möchten die Schädel selbst dabei zur Hand zu nehmen.»[86] Hier war Gelegenheit. Und Humboldt erwähnt gewiß nicht grundlos, daß man diesen Glasbehälter «abnehmen kann».

Aber was er von seinem Gespräch mit Goethe berichtete, war erklärtermaßen so gehalten, daß es nicht «irgendeine Zartheit verletzte». Es bezog sich allein auf die Form der miteinander verglichenen Schädel: Raffaels von regelmäßiger, «ganz gleich verteilter Wölbung»[87] – Schillers hingegen, «auf einzelnen Punkten sich ausdehnend und entfaltend», zeige bestimmte Ausbuchtungen, «neben anderen, wo Flächen oder Einsenkungen sind». Und diese Angaben über das, was man sehen oder betasten konnte, wenn man den Schädel zur Hand nahm, machen ganz sicher, wovon die Rede war.

Die von dem Wiener Arzt Franz Joseph Gall am Ende des 18. Jahrhunderts begründete Hirn- und Schädellehre[88] beruht darauf, daß sie die geistigen Eigenschaften, Begabungen, Neigungen des Menschen als Funktionen einzelner festumschriebener Areale des Kortex, also der Großhirnrinde, zu verstehen suchte, die Gall geradezu als ‹Organe› charakterisierte. Bei diesem Versuch, die materielle Basis des Geistes zu erfassen, blieben die topographischen Zuordnungen seiner ‹Organologie› völlig spekulativ. Aber sie brachten die Bemühungen um eine kortikale Funktionslokalisation auf den Weg, die sich neben konkurrierenden äquipotenztheoretischen und holistischen Vorstellungen bis weit ins 20. Jahrhundert behaupteten.[89] Selbst wenn die kognitiven Neurowissenschaften das Gehirn heute als ein hochkomplexes Netzwerk von Milliarden vielfältig miteinander verknüpfter und fallweise zusammenarbeitender Nervenzellen auch aus weit voneinander entfernten Arealen begreifen, bleiben sie um Lokalisierungen bemüht – bis hin zu den modernen Verfahren der Positronenemissions-Tomographie und Magnetresonanz-Bildgebung, welche die Orte einer jeweils verstärkten Aktivität von Neuronengruppen sichtbar machen.

Galls Organologie ist aus einer frühen Beobachtung großer flachliegender Augen bei seinen besonders leicht lernenden Mitschülern hervorgegangen. Er erklärte sich das später mit dem Druck stark entwickelter Hirnwindungen auf das Knochendach über den Augenhöhlen und glaubte, in diesem Stirnlappen über der Orbita die Organe für das Wortgedächtnis und den Sprachsinn lokalisieren zu können. So irrig das war: sein spekulativer Ansatz hat die Entdeckung des Sprachzentrums immerhin vorbereitet, das Pierre Paul Broca 1861 im frontalen Bereich der linken Gehirnhälfte, freilich nur im unteren Teil der dritten Stirnwindung ausmachen konnte.[90] Eben dieser erste Rückschluß aus der Physiognomie auf das darunter angenommene Hirnareal führte Gall zu der abwegigen Vorstellung, daß man grundsätzlich an der äußeren Schädelbildung die intellektuellen und charakterlichen Grundkräfte, positive wie negative Begabungen und Triebe ablesen könne, die er in einem als erweiterungsfähig verstandenen Katalog von 27 solchen Organen benannt hat.[91] Denn die Leistungskraft oder -schwäche dieser Organe sah er abhängig von ihrer Größe (und entsprechenden Reizbarkeit), und die Volumina der jeweils zuständigen Hirnareale, so lehrte er, bestimmten zugleich, von innen nach außen wirkend, die Schädelform in der Art, daß man von deren sichtbaren oder tastbaren Erhebungen (Protuberanzen) und Einsenkungen auf die darunterliegenden Areale und die von diesen Organen abhängigen immateriellen Leistungen schließen könne. Mit dieser später so genannten ‹Kranioskopie› oder ‹Phrenologie› machte der Physiognomiker Gall im Europa des frühen 19. Jahrhunderts Furore.

Seine seit 1796 in Wien abgehaltenen Privatvorlesungen erregten so viel öffentliches Aufsehen, daß Franz II. sie 1801 durch ein kaiserliches Handbillett verbieten ließ, weil diese «neue Kopflehre […] auf Materialismus zu führen, mithin gegen die ersten Grundsätze der Religion und Moral zu streiten» scheine.[92] Tatsächlich war sie doch durchaus physikotheologisch fundiert; am Scheitel des menschlichen Schädels lokalisierte Gall sogar das Organ der Gottesverehrung und sah darin einen hirnanatomischen Gottesbeweis.[93] Auch einen gegen die Moralvorstellungen streitenden neurobiologischen Determinismus konnte man ihm kaum vorwerfen. Denn den in bestimmten Schädelformungen manifestierten Veranlagungen des Menschen schrieb er keineswegs einen Zwangscharakter zu. Der Mensch, erklärte er vielmehr, «hat Sinn für Wahrheit und Irrthum, für Recht und Unrecht, für Vorstellungen eines unabhängigen Wesens»; damit trete er «gegen seine Neigungen in Kampf», und je mehr solche «Gegenreitze» durch Erziehung, Bildung, Sozialisierung «vervielfältigt und verstärkt werden, desto mehr Willkühr und sittliche Freiheit erhält der Mensch».[94]

Schwerer wog der kaiserliche Materialismusverdacht. Er hatte im zeitgenössischen Diskurs einen höchst bedrohlichen Aspekt, weil er den Beschuldigten in die Nähe revolutionär-jakobinischer Umtriebe rückte.[95] Und: er unterstellte ihm Zweifel an der Lehre von der Unsterblichkeit der menschlichen Seele. Denn wäre das seelische Vermögen geradewegs eine Hervorbringung der Hirnmaterie – wie könnte es deren Zerfall im Tode überdauern? In eindrucksvoller Verschärfung wurde diese Konsequenz durch den Physiologen Carl Vogt formuliert, der 1847 Galls Lokalisierungen zwar «nur als kindliche Ahnungen zukünftiger Wissenschaft» gelten ließ, ihm aber vorbehaltlos darin zustimmte, «daß alle jene Fähigkeiten, die wir unter dem Namen der Seelenthätigkeiten begreifen, nur Funktionen der Gehirnsubstanz sind». So formulierte er ‹für Gebildete aller Stände› die anstößige Gleichung, «daß die Gedanken in demselben Verhältniß etwa zu dem Gehirne stehen, wie [...] der Urin zu den Nieren».[96]

In seiner Verteidigungsschrift suchte Gall geltend zu machen, daß er sehr wohl «für die Seelenverrichtungen körperliche Werkzeuge» aufgewiesen habe, daß man dabei aber nicht «das wirkende Wesen mit dem Werkzeuge, wodurch es wirkt, verwechseln» dürfe. Deshalb diene seine Organologie in Wahrheit «nicht nur der Hoffnung, sondern der Zuversicht ewiger Fortwirkung».[97] Dieser Schluß war wortwörtlich Herder entliehen. Und auf seine Weise hätte wohl auch der alte Goethe dem zugestimmt; neunundsiebzigjährig hat er von seiner «Überzeugung unserer Fortdauer» gesprochen und erklärt (nach Eckermanns Wiedergabe in einem sehr eigenartigen Konditionalsatz): «wenn ich bis an mein Ende rastlos wirke, so ist die Natur verpflichtet, mir eine andere Form des Daseins anzuweisen, wenn die jetzige meinem Geist nicht ferner auszuhalten vermag.»[98]

In Wien blieb das wirkungslos. Durch Hofdekret wurde das Vorlesungsverbot 1802 bestätigt. 1805 hat Gall Österreich für immer verlassen.

In den Jahren 1805–1807 unternahm er eine Vortragstournee durch Deutschland, nach Dänemark, Holland und in die Schweiz, endend in Paris, wo er dann bis 1828 gelebt hat.[99] In seinen jeweils mehrtägigen, eintrittsgeldpflichtigen Vorlesungsveranstaltungen sezierte Gall gelegentlich Tier- und Menschenhirne, demonstrierte seine Organologie und Kranioskopie regelmäßig an Wachspräparaten von Gehirnen, mitgeführten oder frisch angelieferten Totenköpfen und Gipsabgüssen. Er tastete die Erhebungen und Vertiefungen der Schädel ab, begutachtete die geistigen und charakterlichen Veranlagungen, die sich dort abformten, und führte auf diese Weise die Zuhörer und Zuschauer selber in die Praxis kranioskopischer Evaluationen ein. Weit über die Kreise der allermeist skeptischen Fachgelehrten hinaus enthusiasmierte er damit ein breites Publikum. Denn das Medienecho war gewaltig; zahllose Zeitungsartikel, Zeitschriftenaufsätze pro und contra und bildliche, oft als Karikatur angelegte Darstellungen verbreiteten seinen Ruf; bis in die Porträtkunst und die Literatur der Zeit reichen die Wirkungsspuren dieser spektakulären Schädel-Lesekunst.[100] In Potsdam faszinierte er das preußische Königspaar. Von Wieland begleitet saß in Jena die Herzogin Anna Amalia unter seinen Zuhörern. Goethe war damals nicht in Weimar, aber Carl August ließ «auf dem großen Saale Menschengehirne demonstriren, präpariren, componiren, wozu alle Aerzte, Wundärzte und das gebildetere Publikum eingeladen waren» – Gall «gab 10 Vorlesungen für das Publikum und ebensoviele dem Hof. Seitdem sprechen alle unsere Damen von Organen und betasten die Hirnschädel; am Ende wird man Perrücken tragen müssen, um die schwachen Seiten des seinigen zu verbergen».[101]

So befühlt auf der hier wiedergegebenen Pariser Lithographie ‹Cours de Phrénologie amusante›[102] offenbar der Meister in Person[103] den Schädel einer Dame, die sich zu dieser Untersuchung niedergesetzt und ihre Kopfbedeckung abgenommen hat. Für die Bedeutung der gerade zur Rede stehenden knöchernen Erhebung oder Vertiefung verweist er auf eine Modellbüste mit den dort kartographisch eingetragenen Organen, und hinter dem aufmerksam beobachtenden Gemahl spielen zwei Kinder schon an Puppenköpfen die Gallschen Untersuchungen nach. – Die ‹Kaiserlich und Kurpfalzbairisch privilegierte Zeitung› berichtete 1805: «Ja in Berlin und Dresden sind Schädel, nach Galls Vorschrift gezeichnet [nämlich mit den

Grenzlinien der verschiedenen Organe und ihren Bezeichnungen versehen], unter Glasgloken und Mahagonykästchen gesezt, schon ein Ziermeuble auf den Büreaus und Schreibetischen der Damen und Herren geworden.»[104] Es wird sich um Gipsmodelle gehandelt haben, wie sie auf der Pariser Lithographie den Kranioskopen umgeben. Aber so ganz ohne Beispiel scheint Goethes Glasgehäuse mit dem Schillerschen Schädel denn doch nicht gewesen zu sein. In eben dem Jahr 1805, wo Gall in aller Munde ist, läßt sich Soemmerring den Schädel Wilhelm Heinses ausgraben (den der Freund ihm testamentarisch übereignet hatte): Er hat ihn, «mit goldenem charnier versehen, in einem sauberen glaskästchen nicht unter den anderen köpfen seiner sammlung, sondern gleich einer reliquie in seiner bibliothek besonders aufbewahrt».[105]

Gall selber war ein eifriger Schädelsammler. Er arbeitete entsprechend der Lichtenbergschen physiognomischen Maxime, man müßte «die größten Männer, die Gefängnisse und die Tollhäuser durchsehen, denn diese Fächer sind so zu reden die 3 Hauptfarben, durch deren Mischung gemeiniglich die übrigen entstehen».[106] Schon 1798 hatte Gall sich deshalb in Wielands ‹Teutschem Merkur› gewünscht, daß «jede Art von Genie» ihn zum Kopf-Erben einsetzte: «Gefährlich wäre es freilich für einen Kästner, Kant, Wieland u. d. g. wenn mir Davids Würgengel zu Gebote stünde. Allein als ein guter Christ will ich mit Geduld auf Gottes langmüthige Barmherzigkeit harren.»[107] Kants Schädel wurde ihm nicht zuteil.[108] Von Schillers Schädel konnte er sich 1805 in Weimar wenigstens einen Abguß der durch Ludwig Klauer hergestellten, den ganzen Kopf wiedergebenden Totenmaske verschaffen. Bei Goethes Schädel mußte er sich 1807 zunächst mit einer Gesichtsmaske des Lebenden begnügen; noch 1827 schrieb er deshalb an Franz Brentano: «so beschwöre ich Sie, alle Umgebungen des einzigen Genies zu bestechen, daß wo möglich der Kopf in Natura der Welt aufbewahrt bleibe, oder wenigstens, wenn dieser Vorschlag die Seinigen empören sollte, daß nach dem Tode der Kopf [um die Erhebungen und Absenkungen des Schädels sichtbar zu machen] geschoren und ganz, sowohl von hinten als von vornen in Gips abgegossen werde.»[109]

Weil Gall «den Muth gehabt hat, sich über alle Vorurtheile wegzusetzen», erklärte August Mahlmann 1805 in der Leipziger ‹Zeitung für die elegante Welt› gewiß zu Recht (nur ohne die Gründe zu bedenken): «Keppler und Newton, Locke und Montesquieu, Leibnitz und Kant würden, wenn sie ihre unsterblichen Entdeckungen mündlich hätten vortragen wollen, nirgends so gefüllte Auditorien gefunden, nirgends so allgemeine Sensazion erregt haben.»[110] Sehr anders aber ging es bei Galls Vortragstournee im kritischen Göttingen zu.[111] Heyne an Soemmerring: «Den freien scharfsinnigen combinirenden Observator hat man erkannt; aber man vermißt ganz den Wahrheitssinn, Liebe für wahren Ruhm und für die Wissenschaft selbst; dagegen äußert er unverschämter Weise die schändlichste Habsucht und niedrigste Gewinnsucht und entehrt seine Wissenschaft.»[112] Entsprechend maulig Galls eigener Bericht: «In Göttingen wurden meine Erwartungen am wenigsten erfüllt. Seit dem traurigen Einfalle der Franzosen ist diese, sonst so blühende, Universität sehr gesunken. Den Lehrern fehlt aller Muth, und die Zahl der Studirenden vermindert sich täglich. Ich las vor einem − für Göttingen − sehr beschränkten Auditorium, und glaubte mich immer nur mit dem verehrungswürdigen Blumenbach zu unterhalten.»[113] Hier bekam er keinen Brillantring wie vom Preußischen König oder von der Großfürstin Maria Paulowna in Weimar. Aber im nachfolgenden November, zum Jahrestag der Begründung der Akademie, schickte man ihm immerhin das Diplom eines Korrespondenten der physikalischen Klasse (wie es damals insgesamt etwa 150 Gelehrte besaßen).[114] Auch er war unser.

Durch einen bemerkenswerten Vorgriff auf die spätere Gall-sche Schädellehre in Lavaters ‹Physiognomischen Fragmenten› war Goethe schon seit 1776 mit der theoretischen Grundlage der Phrenologie vertraut.[115] Noch bevor Gall die große Vortragsreise nach Deutschland antrat, findet sich in seinen Dichtwerken eine erste Spur auch der kranioskopischen Praxis: In seinem Theater-Vorspiel ‹Was wir bringen› von 1802 wird über einen unbekannten Reisenden gesagt, er scheine «ein Phisionomist zu sein», und scherzend: «Wenn er mir nur nicht, um sicher zu gehen, nach der neuen Methode, den Kopf befühlen will.»[116]

«Ich war gewohnt das Gehirn von der vergleichenden Anatomie her zu betrachten» heißt es in den ‹Tag- und Jahresheften› für 1805; daher mußte Galls Lehre, «gleich so wie sie bekannt zu werden anfing mir dem ersten Anblicke nach zusagen».[117] Vom 8.–21. Juli 1805 unterbrach Goethe einen Aufenthalt in Bad Lauchstädt, um in Halle ihn selber zu sehen und zu hören. Er wohnte in kleinem Kreise seinen sezierenden Hirnuntersuchungen bei, ging in die öffentlichen kranioskopischen Vorträge und erhielt an einigen Krankheitstagen sogar Privatunterricht in seinem Gasthauszimmer.[118] Tatsächlich hat er sich damals von der absurden Theorie überzeugen lassen, daß die funktionelle Potenz einzelner Hirn-Organe anhand der Erhebungen oder Vertiefungen des Schädels diagnostizierbar sei, weil – nach seinen eigenen Worten – das Gehirn «sich nicht nach der Hirnschale sondern diese nach jenem zu richten hat».

Zweifellos ist Goethes Urteil über die in Halle aufgenommene Gallsche Lehre von den Vorstellungen des Jahres 1817 überlagert, in dem er diesen Teil seiner ‹Tag- und Jahreshefte› redigierte. Noch immer schreibt er: «Galls Vortrag durfte man wohl als den Gipfel vergleichender Anatomie anerkennen.» So mochte er 1805 noch gedacht haben. Aber einschränkend setzt er (jetzt?) hinzu, daß dabei «dem Geist vollkommene Freyheit blieb sich nach seiner Art diese Geheimnisse auszulegen».

Er äußert keineswegs grundsätzliche Zweifel an der Organologie, versteht sich aber doch zu der Bemerkung: «sollte Gall, wie man [inzwischen?] vernahm, auch durch seinen Scharfblick verleitet zu sehr ins Specifische gehen, so hing es ja nur von uns ab, ein scheinbar paradoxes Absondern in ein faßlicher Allgemeines hinüber zu heben. Man konnte den [jeweils einem einzelnen Organ zugewiesenen] Mord- Raub- und Diebsinn so gut als die Kinder- Freundes- und Menschenliebe unter allgemeinere Rubriken begreifen und also gar wohl gewisse Tendenzen mit dem Vorwalten gewisser Organe in Bezug setzen.» – Als er, abermals Jahre später, mit Humboldt die Erhebungen, Flächen und Einsenkungen an Schillers Schädel betrachtete, wird man also eher über «allgemeine Rubriken» und «gewisse Tendenzen» gesprochen haben und überhaupt wohl mit einiger Zurückhaltung hinsichtlich der Zulässigkeit und Zuverlässigkeit solcher kranioskopischen Evaluationen.

Ganz von sich abgewiesen hat er die Gallsche Phrenologie freilich nie; ein ausdrückliches Irrtumseingeständnis jedenfalls gibt es hier so wenig wie bei vergleichbaren anderen Fällen im Bereich der Naturkunde. Da mag gelten, was er am 5. Oktober 1831 über seine eingewurzelten Überzeugungen hinsichtlich der Neptunismus-Vulkanismus-Kontroverse dem Altersfreunde Zelter geschrieben hat: «mein Zerebralsystem müßte ganz umorganisiert werden – was doch schade wäre.» Noch 1823 berichtet der Kanzler von Müller: «Er nahm Partei für Galls Lehre gegen die Pariser Kritiker» (Cuvier und Pinel).[119] Aber mit der Zeit hatten Organologie und Kranioskopie doch auch für ihn eher etwas spielerische Züge angenommen, war er Schelling ein wenig näher gerückt, der schon 1807 spottend vorschlug, Gall sollte sich einmal «an einer Akademie der Wissenschaften versuchen, und da die Mathematiker, Philosophen, Physiker, Philologen, Poeten, Historiker u.s.w. auseinander finden. Um aber das Experiment vollkommen zu machen, müßte er im Dunkeln,

52

oder besser, mit verbundenen Augen unter sie geführt werden, damit nicht durch anderweitige Anzeichen dem Sinn des Gesichts etwas verrathen würde, was der Sinn, der in den [die Schädel abtastenden] fünf Fühlhörnern der Hand steckt, für sich allein muß ausmitteln können. Es würde dann ein artiges Blindekuhspiel daraus werden».[120]

Wenn 1810 in der ‹Farbenlehre› nach dem verhaßten Newton auch «der wunderliche Wünsch» abgefertigt ist, heißt es gewiß nicht in vollem Ernst: «Fast möchten wir glauben, daß es im Gehirn ganz besondere Organe für diese seltsamen Geistesoperationen gebe. Möge doch *Gall* einmal den Schädel eines rechten Stock-Newtonianers untersuchen und uns darüber einigen Aufschluß erteilen.»[121] Wenn dann 1812 in ‹Dichtung und Wahrheit› erwähnt wird, der «so einsichtige wie geistreiche Doktor Gall» habe (nach einer phrenologischen Begutachtung, die 1805 in Halle stattfand) Goethes Sprachgewalt diagnostiziert und erklärt, er sei «eigentlich zum Volksredner geboren», dann berichtet da gewiß kein Stock-Gallianer mehr – «Über diese Eröffnung erschrak ich nicht wenig: denn hätte sie wirklich Grund, so wäre, da sich bei meiner Nation nichts zu reden fand, alles Übrige, was ich vornehmen konnte, leider ein verfehlter Beruf gewesen.»[122]

Goethes heiterste kranioskopische Reminiszenz aber verbirgt sich in seinem bekannten Gedicht ‹Vom Vater hab’ ich die Statur›, das 1827 unter den ‹Zahmen Xenien› erschien (und auf die Frage hinausläuft: «Was ist denn an dem ganzen Wicht | Original zu nennen?»)[123] Dem eben erwähnten Bericht über Galls «Volksredner»-Diagnose geht in ‹Dichtung und Wahrheit› eine Betrachtung über Goethes elterliche «Mitgift» voraus. Da wird eine vom Vater stammende «gewisse lehrhafte Redseligkeit» angeführt und, von der Mutter angeerbt, «die Gabe, alles was die Einbildungskraft hervorbringen, fassen kann, heiter und kräftig darzustellen, bekannte Märchen aufzufrischen, andere zu erfinden und zu erzählen, ja im Erzählen zu erfinden». Nicht die väterliche Redseligkeit, wohl aber die mütterliche Fabulierlust wird in jenem späten Xenion thematisiert, das tatsächlich auf eine an Katharina Elisabeth Goethe selber vorgenommene phrenologische Untersuchung zurückgeht. Als Doktor Gall auf seiner Vortragstournee 1806 auch nach Frankfurt gekommen war, erzählte Bettina von Arnim in einem Brief an Goethe von einem Schabernack, den sie mit seiner Mutter angestellt hatte: «Ich sollte ihr den *Gall* bringen und führte ihr unter seinem Namen den *Tieck* zu [den sie vorher nie gesehen hatte]; sie warf gleich ihre Kopfbedeckung ab, setzte sich und verlangte, *Gall* solle ihren Schädel untersuchen...». Ludwig Tieck war in großer Verlegenheit, bis endlich der Schädelforscher selber eintrat, sich bei diesem Verwirrspiel durchsetzte und «eine sehr schöne Abhandlung über die großen Eigenschaften ihres Kopfes hielt; und ich habe Verzeihung erhalten». Wie die Dame auf der (hier Seite 48 wiedergegebenen) Pariser Lithographie also hatte die Frau Rath sich da niedergesetzt und ihre Kopfbedeckung abgenommen. Und verlangt hatte sie – Gall solle an ihrem Schädel «untersuchen, ob die großen Eigenschaften ihres Sohnes nicht durch *sie* auf ihn übergegangen sein möchten»![124] Über zwei Jahrzehnte hin haftete Bettinas Bericht von diesem Frankfurterischen ‹Cours de Phrénologie amusante› in Goethes Erinnerung. Dann fand er sich in die Verse: «Vom Vater hab' ich die Statur, | Des Lebens ernstes Führen, | Von Mütterchen die Frohnatur | Und Lust zu fabulieren!»

So hat wohl auch in Goethes osteologischem Fachgespräch mit Humboldt im Dezember 1826 die im Brief an Caroline übergangene Erörterung des Zwischenkieferknochens eine ernsthaftere, bedeutsamere Rolle gespielt als die kranioskopische Betrachtung der Erhebungen und Einsenkungen an Schillers Schädel, von denen allein sie zu lesen bekam. Bestätigend gilt das nun auch für ein drei Monate zuvor entstandenes Gedicht, von dem Goethe seinem Besucher nichts sagte. Denn darüber hätte Humboldt seiner Frau gewiß etwas geschrieben.

Am 24. September 1826 hatte es im Tagebuch geheißen: «Meldeten sich Schröter und Färber mit dem Schillerischen Schädel.» Ohne daß da ein Zusammenhang auch nur angedeutet würde, enden die Angaben für den nächsten Tag dann mit dem lakonischen Vermerk: «Nachts Terzinen.» Erste Eintragung am 26. September: «Früh die Terzinen weitergeführt.» Danach werden im Tagebuch Vormittagsbesucher angeführt. Und noch bevor es zu Tisch geht: «Die Terzinen abgeschrieben.»

Ausgelöst durch den ersten Anblick des Totenschädels[125] ist da in wenigen Stunden aus der Mutterlauge all dessen, was sich über Jahrzehnte hin an Entdeckungen und Erfahrungen, Erlebtem und Bedachtem zusammengefunden hatte, in einem unerhörten Produktionsschub und Transformationsprozeß das letzte der großen naturphilosophischen Altersgedichte Goethes hervorgegangen. [126]

Ohne Überschrift beginnt es mit den Versen:

> *Im ernsten Beinhaus war's wo ich beschaute*
> *Wie Schädel Schädeln angeordnet passten;*
> *Die alte Zeit gedacht ich, die ergraute.*
> *Sie stehn in Reih' geklemmt die sonst sich haßten,*
> *Und derbe Knochen die sich tödtlich schlugen*
> *Sie liegen kreuzweis', zahm alhier zu rasten.*
> *...*

«Terzinen» sind dreizeilige Strophen, die in Goethes eigenhändiger Reinschrift des Gedichts freilich nicht durch den sonst gebräuchlichen Einzug der jeweils 2. und 3. Zeile voneinander abgesetzt werden. Es reimen immer die beiden Außenzeilen aufeinander: a b a, und jede Mittelzeile gibt die Außenzeilen-Reime der nachfolgenden Strophe vor: b c b | c d c | .... Im Briefwechsel mit Schiller hatte Goethe am 21. Februar 1798 bemerkt, für die eigene Verwendung wolle ihm dieses Versmaß «bey näherer Ansicht nicht gefallen, weil es gar keine Ruhe hat und man wegen der fortschreitenden Reime nirgends schließen kann». Es komme «freilich das meiste auf den Gegenstand an, wozu Sie es brauchen wollen», hat Schiller ihm geantwortet. In der Tat werden Terzinen durch ihre Reimordnung so ineinander verhakt, daß kein Raum zum Absetzen und Innehalten bleibt, wie andere Strophenformen ihn von sich aus vorgeben. Eben dieser Duktus aber erscheint hier dem «Gegenstand» durchaus angemessen. Im erzählenden Imperfekt einsetzend bilden die gleichgemessen fünfhebig-jambischen Verse eine stetige Folge von Beobachtungen und Einsichten ab – bis dieser zielgerichtete poetische Erkenntnisprozeß am Ende des Gedichts in eine vierzeilig beschließende Formel mündet, über die keine Terzine mehr hinausreicht: y z y z.

Im ernsten Beinhaus – dieser Schauplatz liegt weit entfernt von Weimar. Um das wüste Kassengewölbe unkenntlich zu machen, aus dem man im März 1826 Schillers Schädel hervorgeholt hatte, wird hier an eine *alte Zeit gedacht*, die auch in Goethes Lebensgeschichte weit zurücklag. Beinhäuser, in denen man (meist wenn alte Grabstätten neu belegt werden mußten) die ausgegrabenen Schädel und Knochen der Toten stapelte und frei sichtbar verwahrte, hat er auf süddeutschen und schweizerischen Friedhöfen wohl mehrfach gesehen. Hier aber läßt sich die Vorgabe ganz genau ausmachen. Der gewaltige Speicher seines Erinnerungsvermögens bringt noch einmal die zweite Schweizer Reise ins Spiel, von der er am 9. Oktober 1779 an Charlotte von Stein geschrieben hat: «Wir kamen tüchtig im Regen nach Murten ritten aufs Beinhaus und ich nahm ein Stükgen Hinterschädel von den Burgundern mit.»[127] Die

Gebeine von vielen tausend burgundischen Soldaten, die 1476 beim Sieg der Eidgenossen über Karl den Kühnen gefallen waren, hatte man aus ihren Massengräbern in ein 1485 vollendetes (1798 von den Franzosen wieder abgerissenes) Beinhaus-Mahnmal verbracht. Und während für das Weimarer Kassengewölbe oder jedes gewöhnliche Beinhaus allenfalls gelten könnte, daß dort befindliche Schädel *sonst sich haßten*, gab es da kaum auch *Knochen die sich tödtlich schlugen*. Anders in Murten. Christoph Meiners, Professor der Weltweisheit an der Universität Göttingen, hat wenige Jahre nach Goethes Besuchsritt von dort berichtet: «An manchen Gebeinen sieht man noch die Spuren der ungeheuren Schlachtschwerdter und Streitäxte, wodurch sie gespalten, und ihre ehemaligen Besitzer getödtet wurden.»[128]

Nur liegt Goethes Versen noch ein anderer, ein literarischer und unvergleichlich bedeutsamerer Subtext zugrunde. Für die Konstellation, die ihre Entstehung ermöglichte, war unerläßlich auch das, was das Tagebuch vom 25. September vermerkt, bevor es zu der Schlußnotiz «Nachts Terzinen» kommt: «Streckfußens Fegefeuer und Paradies Dantes.» Dieser Karl Streckfuß hatte ihm den letzten Band seiner von 1824–1826 erschienenen Übersetzung der ‹Divina Commedia› geschickt, und im August/September beschäftigte sich Goethe daraufhin eingehend mit Dantes Terzinen-Dichtung.[129] – Deren ‹Inferno›-Verse VII, 109–11 lauten: «Dort stand ich nun und sah nach jener Fluth | Und sah im Sumpfe Leute, koth'ge, nackte, | Zugleich des Jammers Bilder und der Wuth. | Man schlug sich nicht mit Fäusten nur, man hackte | Mit Haupt und Brust und Füßen auf sich ein, | Indem man wild sich mit den Zähnen packte. | Mein Meister [Vergil, der Dante hier durch das höllische Totenreich führt] sprach: Sohn, sieh in dieser Pein | Die Seelen derer, so der Zorn bezwungen.»

Für das Verständnis des *Beinhaus*-Gedichts bliebe das belanglos – kündigte sich damit nicht an, daß man es hier geradezu mit einem Palimpsest zu tun hat, dem die vom ‹Inferno› durch das ‹Purgatorio› ins ‹Paradiso› führende ‹Göttliche Komödie› zugrunde liegt. Das wird an späterer Stelle deutlicher sichtbar werden, gilt aber keineswegs nur stellenweise. Was Goethe nicht zuletzt mit Dantes großartig-fremdem Dichtwerk befreundet und ihn auf diese vorgeprägte Spur gelenkt haben mag, gibt sein im August 1826 verfaßtes Bedankungsgedicht für den Übersetzer zu erkennen. Es bezieht sich auf die ‹Inferno›-Passage XI, 97–105, wo es bei Streckfuß heißt, daß doch «aus Gottes Geist und Kunst und Kraft | Natur entstand mit allen ihren Schätzen», und deshalb «Wissenschaft | Von der Natur» als «Gottes Enkelin» erscheine. Das war so sehr in Goethes Sinn, daß er sich diese Worte paraphrasierend zu eigen machte. Sein Dankpoem beginnt mit den Zeilen: «Von Gott dem Vater stammt Natur | Das allerliebste Frauen-Bild, | Des Menschen Geist ihr auf der Spur…» und endet, ein wenig ungelenk: «So ist uns allen offenbar | Naturphilosophie sey Gottes Enkelin.»[130]

Durch den Terzinenreim jenen Murtener Knochen ange-schlossen, die einander tödlich *schlugen,* setzt das *Beinhaus-*Gedicht sich fort:

> *Entrenckte Schulterblätter! was sie trugen?*
> *Fragt niemand mehr; und zierlich thätige Glieder,*
> *Die Hand, der Fuß zerstreut aus Lebensfugen.*
> *Ihr Müden also lagt vergebens nieder,*
> *Nicht Ruh im Grabe ließ man euch, vertrieben*
> *Seyd ihr herauf zum lichten Tage wieder*
> *Und niemand kann die dürre Schaale lieben,*
> *Welch herrlich edlen Kern sie auch bewahrte.*
> …

Nichts mehr von derben Knochen, welche die Spuren der Schlachtschwerter und Streitäxte tragen. Jetzt rücken in Goe-thes imaginärem *Beinhaus* zierlichere Glieder in den Blick, die

58

man wieder ans Licht gebracht hat. *Nicht Ruh im Grabe lies man euch* – ein leises Echo eben der Einwände mag man da noch vernehmen, mit denen die Weimarer Geistlichkeit sich gegen die Ausgrabung der Schillerschen Gebeine und ihre Translation in die Großherzogliche Bibliothek verwahrte.[131] Und dann: *die dürre Schaale,* die einmal einen *herrlich edlen Kern* bewahrt haben mochte – die Knochenschale, deren Formen der Hirnanatom und Schädelforscher Gall das geistige Vermögen des Menschen abzulesen suchte.

Die knöchernen Ausbuchtungen und Einsenkungen, über die Goethe und Humboldt im Dezember 1826 angesichts des Schillerschen Schädels sprachen, finden keinerlei Erwähnung im Gedicht; von «gereimter Kranioskopie» kann gar nicht die Rede sein.[132] Aber das Grundgesetz einer Korrespondenz von Innerem und Äußerem bleibt fraglos in Geltung. Die gleichen Worte wie hier, *Schaale* und *Kern,* hat Goethe 1820 in ein Gedicht gesetzt, das mit der Formel endet: «Natur hat weder Kern | Noch Schale, | Alles ist sie mit einemmale.»[133] Und solch eine Unterscheidung (*niemand kann die dürre Schaale lieben, | Welch herrlich edlen Kern sie auch bewahrte*) läßt er auch hier nicht gelten. Mit einer adversativen Konjunktion (*Doch*), gefolgt vom Personalpronomen (*mir*), bringt sich der Beinhausbesucher, der Schädelbetrachter jetzt selber ins Spiel:

> *Doch mir Adepten war die Schrift geschrieben,*
> *Die heiligen Sinn nicht jedem offenbarte,*
> *Als ich in Mitten solcher starren Menge*
> *Unschätzbar herrlich ein Gebild gewahrte,*
> *Daß in des Raumes Moderkält und Enge*
> *Ich frey und wärmefühlend mich erquickte*
> *Als ob ein Lebensquell dem Tod entspränge.*
> …

Moderkält und Enge herrschen in Beinhäusern eigentlich nicht. Murten wird gleichsam überblendet vom Weimarer Kassengewölbe, und in der poetischen Fiktion des Gedichts übernimmt jetzt der Sprechende selber die Rolle des Bürgermeisters Schwabe, der vom 19. März 1826 berichtet hatte, wie er in dieser «mit dem heftigsten Modergeruch angefüllten Totengruft unter herumliegenden Schädeln und Totengebeinen» auf wunderbare Weise die Schillersche ‹Reliquie› ausfindig machte.[134] Gewiß ist es nur töricht oder bösartig oder beides, wenn daraus (bis heute) abgeleitet wird, Goethe habe diese Rettungsaktion auf betrügerische Weise sich persönlich zugeschrieben.[135] Aber eine irreführende Verkennung der poetischen Intention des Gedichts war es auch, als Eckermann 1833 in der postumen Ausgabe letzter Hand die überschriftslosen Verse eigenmächtig betitelte: ‹Bei Betrachtung von Schillers Schädel› oder Eduard von der Hellen sie 1902 in der Jubiläums-Ausgabe mit ‹Schillers Reliquien› überschrieb.[136] Denn gewiß nicht absichtslos bleibt der Name des Freundes ungenannt in Goethes Terzinen und werden die Weimarer Vorgänge verdunkelt, die ihnen zugrunde lagen. So nämlich gewinnen sie eine Geltung, die nicht mehr auf diesen besonderen und außerordentlichen Fall beschränkt bleibt, sondern ihn übergreift. Am *unschätzbar herrlichen Gebild* dieses einen Schädels entdecken sie etwas Menschlich-Allgemeines doch − *Als ob ein Lebensquell dem Tod entspränge.*

Für zwei der hier zur Rede stehenden Verse ist ein eigenhändiger Entwurf überliefert. Auf die Außenseite eines Briefes, den ihm sein Weimarer Schwager Christian August Vulpius am 23. September 1826 geschrieben hatte, hat Goethe nämlich notiert:

> *Dass in des Raumes Moderkält u Enge*
> *Ich ~~frise~~ neue Wärme fühlend mich erqu.*[137]

Schon das imaginierte *Beinhaus* bezeichnend, steht neben diesen beiden Zeilen quer am Rand: *Im B.* Aber dieser offenbar erste und einzige (oder einzig erhaltene) Entwurf setzt keineswegs mit den Eingangsversen des Gedichtes ein. So läßt er wohl den Impuls erkennen, der Goethes Terzinen allererst hervorgetrieben hat. Gegen den Anblick des Schillerschen Totenschädels, den er sich am 24. September ins Haus bringen ließ und bei sich behielt, gegen dieses makabere Sinnbild des Todes, den er nicht ‹statuieren› konnte, befestigte er sich mit der Maxime seines ‹Wilhelm Meister›-Romans: «Gedenke zu leben»! Der Todesmahnung, dem Sterblichkeitsgedenken des altchristlichen ‹Memento mori› nachgebildet und entgegengerichtet, waren diese Worte in den ‹Lehrjahren› zu lesen, auf einer marmornen Schriftrolle an eben dem Ort, wo die Sarkophage der Verstorbenen aufgestellt waren, wo auch Mignon aufgebahrt wurde – in jenem «Saal der Vergangenheit», zu dem das dem Todesgedenken dienende ernste Beinhaus dort so umgerüstet worden war, daß man ihn «eben so gut den Saal der Gegenwart und der Zukunft nennen» konnte.[138]

Wenn die emblematischen Darstellungen der verwesenden Leiche, des Skeletts, des Totenschädels, die in spätmittelalterlicher und wieder in katholisch-gegenreformatorischer Kunst sich häufen, als Meditationsrequisiten dienten für eine Einübung ins Sterben, welche sich durch solche Schreckensbilder auf das rettende Heilsbild des Kreuzes verwiesen sieht, wird in Goethes *Beinhaus* «der Totenschädel selber gleichsam zum Heilsbild»[139] – nur für einen Betrachter freilich, der die dem Schädel eingeprägte *Schrift* zu entziffern vermag.

Adept meint eigentlich den in die Geheimlehren der alten Alchimie Eingeweihten. Einmal aber hat Goethe dieses Wort auch auf die neueren Naturforscher übertragen und denjenigen so bezeichnet, der eingeweiht ist ins «offenbare Geheimnis» der Metamorphose: den Formenwandel der gestaltendumgestaltenden Natur. Der nämlich (schreibt er 1830) könne, «sogar durch den äußeren Sinn, das Unmöglichscheinende gewahr werden; ein Resultat, welches, man nenne es vorgesehnen Zweck oder notwendige Folge, entschieden gebietet vor dem geheimnisvollen Urgrunde aller Dinge uns anbetend niederzuwerfen».[140] Darum geht es hier: mit dem «äußeren Sinn», dem bloßen Auge vermag der *Adept*, als den der Sprechende jetzt sich bezeichnet hat und ausweisen wird, die geheime Schädel-*Schrift* zu lesen.

Es ist die Weltformel vom ‹Buch der Natur›, von der Schöpfung als einem Schreibakt Gottes und einer auf der Lesbarkeit der gottgeschaffenen Welt beruhenden Möglichkeit der Gotteserkenntnis des Menschen, die Goethes Terzinen-Gedicht zugrunde liegt.[141] Nach altchristlicher Vorstellung hat Gott sich auf zweierlei Weise offenbart: im liber naturae und im liber scripturae, im Buch der Natur also (dem ersten und von Adam bis zu Mose noch einzigen Schreibwerk Gottes) und im Buch der Heiligen Schrift dann (als der zweiten Offenbarung Gottes, in deren Licht allein man über lange Zeiten hin auch das ‹Buch der Natur› glaubte richtig lesen zu können).

Neben die Theologen als die zunächst einzig legitimen Interpreten auch des Naturbuches traten mit der frühen Neuzeit Naturforscher und Naturphilosophen. Für sie rückte, jedenfalls seit dem 18. Jahrhundert, die Vorstellung einer zweifachen Gottesschrift mehr und mehr in den Hintergrund und verblaßte der Gedanke an eine für beide ‹Bücher› geltende göttliche Urheberschaft.[142] Vollends gilt das für den in unseren Jahren durch die Genomforschung neu belebten Sprachgebrauch vom ‹Buch des Lebens› und die geradezu inflationär gewordenen Leitmetaphern eines durch die Adepten der Molekularbiologie ‹entzifferten›, gar ‹entschlüsselten› (und damit als zusammenhängend lesbarer Text ausgegebenen) genetischen ‹Codes› des Menschen mit seiner Milliardenfolge der Basen-‹Buchstaben› A T G C, in denen man die Doppelhelix der DNA ‹geschrieben›, also die genetische ‹Information› verfaßt sieht.[143]

Vor diesem Hintergrund wird deutlich, wie nachdrücklich Goethes Terzinen wieder (oder noch einmal) das göttliche Urheberrecht am ‹Buch der Natur› reklamieren. Am Ende des Gedichts wird die Doppelformel von der *Gott=Natur* das auf den Begriff bringen. Deren *Schrift* eben und ihrem *heiligen Sinn* gelten die jetzt folgenden Verse:

> *Wie mich geheimnißvoll die Form entzückte!*
> *Die gottgedachte Spur, die sich erhalten!*
> *Ein Blick der Mich an jenes Meer entrückte*
> *Das flutend strömt gesteigerte Gestalten.*
> …

Am 9. Juni 1785 hat sich Goethe in einem Brief aus dem Bergbaustädtchen Ilmenau an (und gegen) Friedrich Heinrich Jacobi zur Lehre Spinozas bekannt. Der, heißt es, beweise gar «nicht das Daseyn Gottes, [vielmehr lehre er:] das Daseyn ist Gott. Und wenn ihn andre deshalb Atheum [einen Gottesleugner] schelten, so mögte ich ihn theissimum ia christianissimum [einen ganz gottgerichteten, ja höchst christlichen Denker] nennen und preisen». Mit botanischen und mineralogischen Studien befaßt, schrieb er damals: «Hier bin ich auf und unter Bergen, suche das Göttliche in herbis et lapidibus [Kräutern und Steinen].» *Im ernsten Beinhaus* jetzt findet er das Göttliche in ossibus et calvariis.

Die dem Schädel eingeformte *gottgedachte Spur*, die er da entziffert, indem er «die Knochen als einen Text» behandelt, «woran sich alles Leben und alles menschliche anhängen läßt»[144], meint gewiß nicht die knöchernen Vorwölbungen und Einsenkungen, über die Goethe und Humboldt dann angesichts des Schillerschen Totenschädels im Dezember 1826 noch einmal gesprochen haben. Die obsolet gewordene Gallsche Lehre bedurfte damals schon längst keines *Adepten* mehr. Ungezählte Zeitgenossen waren in sie ‹eingeweiht› worden, und daß diese ‹Organologie› einen *Sinn* besäße, der sich *nicht jedem offenbarte,* wäre eine so unsinnige Behauptung, wie Goethe sie sich auch unter dem Schutzschirm ‹dichterischer Freiheit› nie erlaubt hat. Sehr wohl aber begreift man den *heiligen Sinn,* den das ‹Buch der Natur› *nicht jedem offenbarte,* sobald man Goethes Verse auf seine Zwischenkieferknochen-Schrift zurückbezieht. Noch als er diesen Text von 1784 für die späte Erstveröffentlichung vorbereitete, erklärte er in den 1819 hinzugefügten Notizen, er wolle seine «vieljährige fruchtbare Überzeugung zum Schlusse nochmals wiederholen: dem Menschen wie den Tieren sei ein Zwischenknochen der obern Kinnlade zuzuschreiben». Die nahezu einhellige Ablehnung und den anhaltenden Widerspruch, die er damit bei den Fachgelehrten erfahren hatte, bezeichnete er da geradewegs als «Verneinung des anerkanntesten Wahren».[145]

Ob man die von Goethe ausgemachte *Spur* im Kiefer des Menschenschädels als verbindende Naht (Sutur) oder aber als abgrenzende Markierung (Fissur) deutete, entschied ja keineswegs nur über eine Verneinung oder Anerkennung des menschlichen Zwischenkieferknochens, sondern eben damit über die Position des Menschen im Reich der Natur. Dieses ‹dem Menschen mit den übrigen Tieren› gemeinsame Merkmal war nichts weniger als die naturkundliche Ermöglichung der Worte, die Faust in der Naturszene ‹Wald und Höhle› zu dem alles Dasein durchwirkenden Schöpfergeist spricht: «Du führst die Reihe der Lebendigen | Vor mir vorbei, und lehrst mich meine Brüder | Im stillen Busch, in Luft und Wasser kennen.» (Vers 3225 ff.) Denn über alles Selbstverständnis der Spielfigur hinaus bezeichnen diese Verse Goethes eigene Vorstellungen von einem übergreifenden Bauplan der Lebewesen und einer darauf gegründeten Einbindung des Menschen in die Welt der Tiere, welche in ihrer Konsequenz nicht weniger kränkend und irritierend sein mußte für das menschliche Einzigartigkeitsbewußtsein als später die darwinistische Evolutionstheorie und Abstammungslehre.

Als philosophisch-spekulativer Entwurf hatte das Theorem einer «Reihe der Lebendigen» tiefe ideengeschichtliche Wurzeln. Aber – eine zusammenhängende ‹Kette der Wesen› postulierend – richtete sich jedenfalls seit der Mitte des 18. Jahrhunderts ein zunehmendes naturwissenschaftliches Interesse darauf, die fehlenden Zwischenglieder dieser Kette, die noch unbekannten Sprossen einer kontinuierlichen Stufenleiter der natürlichen Arten auch empirisch auszumachen.[146]

Ebensowenig wie diese allgemeinen Bestrebungen kann man Goethes eigene Vorstellungen den späteren entwicklungsbiologischen Einsichten gleichsetzen. Mutation und Selektion und das Zusammenspiel solcher Fehllesungen bei der Reproduktion des genetischen Bauplans mit einer natürlichen Auslese lagen jenseits seines Denkhorizontes.[147] Wo er in seinen naturwissenschaftlichen Abhandlungen den Begriff der ‹Evolution› verwendet, meint er, dem Sprachgebrauch des 18. Jahrhunderts folgend, nicht etwa eine phylogenetische (stammesgeschichtliche) Artenentwicklung, sondern die ontogenetische (individuelle) ‹Auswickelung› einer keimhaft präformierten Gestalt. Bei seiner Zwischenkieferknochen-Schrift dachte er denn auch keineswegs an eine Affenabstammung des Menschen, sondern sah eine Verwandtschaft von Mensch und Tier hinsichtlich des allen Metamorphosen zugrunde liegenden gemeinsamen Bauplans erwiesen – mit seinen eigenen Worten von 1824: «die Konsequenz des osteologischen Typus durch alle Gestalten hindurch».[148]

Wohl aber regt sich in seinem an die statisch-hierarchische Typenlehre gebundenen Verwandlungs- und Entwicklungsdenken auch ein konsekutives Moment. In den Notizen von 1819 zum Erstdruck der alten Zwischenkieferknochen-Schrift liest man über die mit diesem Kiefergebilde ausgestatteten Lebewesen: «das Walroß, wegen seiner perpendikularen [senkrechten]

Gesichtslinie, wird dem Menschen ähnlich, der Affe erhebt sich noch mehr, wenn er schon artenweise in die Bestie zurücktritt, und endlich stellt der Mensch sich ein, wo sich nach allem Vorgekannten diese Knocheneinteilung nicht verkennen läßt.»[149] Weitergehende Äußerungen haben wir nur aus zweiter Hand, aber auf dem eigenen Acker der Berichterstatter werden sie kaum gewachsen sein. Eher mochte Goethe sie für allzu spekulativ halten, um sie in schriftlicher Form dem Urteil der Fachgelehrten auszusetzen. Im Gespräch mit Riemer erklärte er 1806: «Die Natur, um zum Menschen zu gelangen, führt ein langes *Präludium* auf von Wesen und Gestalten, denen noch gar sehr viel zum Menschen fehlt. In jedem aber ist eine Tendenz zu einem andern, was über ihm ist, ersichtlich.» Oder 1807: «Die Natur kann zu allem, was sie machen will, nur in einer *Folge* gelangen. Sie macht keine Sprünge. Sie könnte zum Exempel kein Pferd machen, wenn nicht alle übrigen Tiere voraufgingen, auf denen sie wie auf einer *Leiter* bis zur Struktur des Pferdes heransteigt.» Und 1810, gleichnisweise: «wie eine Gestaltung aus dem Wasser zu Mollusken, Polypen und dergleichen, bis endlich einmal ein Mensch entsteht.»[150] Der (auf Seite 41 angeführte) Brief der Charlotte von Stein an Knebel vom 1. Mai 1784 berichtet über die Grübeleien des mit Herders ‹Ideen› und mit dem Zwischenkieferknochen beschäftigten Goethe gar, es werde «wahrscheinlich, daß wir erst Pflanzen und Tiere waren; was nun die Natur weiter aus uns stampfen wird, wird uns wohl unbekannt bleiben».[151]

Nicht in seinen naturkundlichen Schriften, wohl aber in seinen Dichtwerken hat Goethe die Grenzen überschritten, die der Kenntnisstand seiner Zeit ihm setzte. Da gilt seine Maxime: «Poesie deutet auf die Geheimnisse der Natur und sucht sie durchs Bild zu lösen.»[152] Aus der Schrift des Jenaer Naturphilosophen Lorenz Oken über die ‹Entstehung des ersten Menschen› hatte er gelernt: «Daß aus dem Meere alles Lebendige gekommen, ist eine Wahrheit, die wohl niemand bestrei-

ten wird, der sich mit Naturgeschichte und Philosophie befaßt hat.»[153] Das wiederholt in der ‹Faust›-Dichtung der antike Wasserphilosoph Thales, wenn das biochemische Labora-
toriumsprodukt des Professors Wagner aus seiner gläsernen
Phiole ins organische Leben drängt, wenn dieser Homunkulus
also tatsächlich «entstehen» will – «Im Feuchten», sagt er, «ist
Lebendiges erstanden.» (Vers 7856) Proteus, der antike Gott
der Verwandlungen, umgeartet in einen Delphin, wird die
Homunkulus-Phiole ins ägäische Meer hinaustragen, wo sie
am Muschelwagen der Galatee zerschellt. Thales: «Gib nach
dem löblichen Verlangen | Von vorn die Schöpfung anzu-
fangen, | Zu raschem Wirken sei bereit! | Da regst du dich
nach ewigen Normen [Naturgesetzen], | Durch tausend aber-
tausend Formen, | Und bis zum Menschen hast du Zeit.»
(8321ff.)[154] – Ganz zu Unrecht hat Darwin in Goethe doch
nicht «an extreme partisan of similar views» gesehen.[155]

So viel zu wissen und zu bedenken ist wohl erforderlich, um
die Tiefenschärfe von nur zwei Versen zu ermessen, die in ora-
kelhaftem Helldunkel eigentlich das Zentrum des Gedichtes
bilden. Deren Stellung und Bedeutung im Kontext versuchs-
weise zu bestimmen, greife ich auf Goethes vorhin angeführte
Worte über den Naturwissenschaftler-*Adepten* zurück. Der
Blick auf den Schädel, an dem die *gottgedachte Spur* sich *erhalten* hat, läßt den Betrachter «durch den äußeren Sinn» etwas gewahr werden, was dem «geheimnisvollen Urgrunde aller Dinge» zugehört: vor sein inneres Auge stellt dieser
‹entrückende› *Blick* ein visionäres Geschehen – es ist
  Ein Blick der Mich an jenes Meer entrückte
  Das flutend strömt gesteigerte Gestalten.
 Goethes eigenhändig-sorgsame Reinschrift läßt hier keinen
Zweifel an der absichtsvollen Großschreibung des Personalpro-
nomens.[156] Tatsächlich nimmt der *Adept*, lesend im ‹Buch der
Natur› und eine *Schrift* entziffernd, deren *Sinn* sich nur ihm *of-*

fenbarte — tatsächlich nimmt er mit dem großgeschrieben-be-
tonten, als exklusiv markierten *Mich* für sich allein die visionäre Entrückung in Anspruch, die ihm der Blick auf diese *gottgedachte Spur* zuteil werden läßt. So wenig die als Sutur im
menschlichen Kieferknochen beglaubigte *Spur* eine beliebige
Metapher abgibt, so wenig *jenes Meer* jetzt ein willkürliches
Bild oder einen vagen Vergleich[157]. Es ist *jenes Meer*, in dem das
Leben entstand, aus dem die evolutionäre «Reihe der Lebendigen» hervorging — die Stufenleiter der natürlichen Arten: *gesteigerte Gestalten* bis hin zum Menschen (und bis hin zu dem
Menschen schließlich, dessen Schädel Goethe damals in Hän-
den hielt). Jedes Wort in diesem Orakelspruch ist auf seine
Weise von gleicher Präzision wie die Sprache der Naturwissenschaft. Eben darauf beruht hier das prognostische Vermögen
einer Poesie, welche «auf die Geheimnisse der Natur» deutet
und sie «durchs Bild zu lösen» sucht.

> *Geheim Gefäß! Orakelsprüche spendend,*
> *Wie bin ich werth dich in der Hand zu halten?*
> *Dich höchsten Schatz aus Moder fromm entwendend.*
> *Und in die freye Luft, zu freyem Sinnen,*
> *Zum Sonnenlicht andächtig hin mich wendend.*
> …

Noch einmal trifft man da auf eine den Versen anverwandelte
Erinnerung an die Schädelsuche des Weimarer Bürgermeisters im «Modergeruch» des Kassengewölbes: *Dich höchsten
Schatz aus Moder fromm entwendend.* Die gleichen Worte finden sich in August von Goethes Rede zur Translationsfeier
vom 17. September in der Großherzoglichen Bibliothek — nur
gingen sie den am 25./26. September entstandenen Terzinen
nicht etwa voraus, sondern wurden von Goethe erst im nachhinein aus dem Gedicht in die Reinschrift der Bibliotheksrede
übernommen: «Und indem wir auf diese Weise dem auflösenden Moder einen köstlichen Schatz entziehen, so gleichen wir

68

darin den frommen Alten, die, nach erloschenem Holzstoß, aus verglommenen Kohlen, aus unreinlicher Asche fromm das Überbliebene sammelten, um solches, in würdiger Urne bewahrt, mit lang dauernden Monumenten zu schmücken.»[158] Im Gedicht hat Goethe diese auf den antiken Sepulkralkult bezogene Gleichung ausgespart; unausgesprochen liegt sie den Terzinen des frommen Heiden gleichwohl zugrunde («Sarkophagen und Urnen», heißt es zu Beginn seiner ‹Venezianischen Epigramme›, «verzierte der Heide mit Leben»[159]).

Bedeutsamer noch läßt Goethes Wortgebrauch hier den Subtext der Danteschen ‹Divina Commedia› durchschimmern, auf deren ‹Inferno› seine fünf Jahre zuvor unter den ‹Zahmen Xenien› veröffentlichten Verse verweisen: «Modergrün aus Dantes Hölle | Bannet fern von eurem Kreis, | Ladet zu der klaren Quelle | Glücklich Naturell und Fleiß.»[160] Nur verbannt das Terzinen-Gedicht nicht mehr aus seinem Kreis, was Goethe nicht ‹statuieren› wollte; es überwindet das *Beinhaus*-‹Inferno›, indem es auf s e i n e Weise den Weg von «Dantes Hölle» durch das läuternde Fegefeuer des ‹Purgatorio› zum ‹Paradiso› als dem göttlichen Urgrund alles Geschaffenen nimmt: Von *des Raumes Moderkält und Enge* – nach der Belehrung durch die *gottgedachte Spur* – zuletzt zum *Sonnenlicht andächtig hin* sich *wendend*. Im letzten Gesang der ‹Divina Commedia› schaut Dante in das göttliche Licht. Die Übersetzung, die Goethe damals las (Tagebuch 25. September 1826: «Streckfußens Fegefeuer und Paradies Dantes [...] Nachts Terzinen»), lautet: «Mich hätte, glaub' ich, ganz der Blitz geblendet, | Den ich von dem lebend'gen Strahl empfand, | Hätt' ich von ihm die Augen abgewendet. | Und ich erinnre mich: mein Muth erstand | Durch ihn, die Blitze kühner zu ertragen, | Bis sich mein Blick der ew'gen Kraft verband. | O überreiche Gnad'! ich durft' es wagen, | Fest zu durchschaun des ew'gen Lichtes Schein, | Und ins Unendliche den Blick zu tragen. | Er drang bis zu den tiefsten Tiefen ein; | Die Dinge, die im Weltall sich entfalten, | Sah ich durch Lieb' im innigsten Verein. | Wesen und Zufall, ihre Weis', ihr Walten, | Dies alles war in eines Lichtes Glanz, | In eines unvermischten Lichts, enthalten.» (‹Paradiso› XXXIII, 76–90)

Zweimal nur begegnet in Goethes an Vers- und Strophenformen überreichem Werk das Terzinen-Versmaß der ‹Divina Commedia›: hier und noch einmal dann in Fausts großem Monolog zu Beginn des Zweiten Teils (Vers 4679–4727), der nur wenig später als das *Beinhaus*-Gedicht verfaßt sein dürfte.[161] Auch dort der Dreischritt der Danteschen Stationenfolge: Mord und Tod sind mit dem Ende der ‹Gretchen-Tragödie› vorangegangen – nach diesem «verlebten Graus» die läuternde Gnade des Heilschlafs – dann, mit dem Aufgang der Sonne, «bricht aus jenen ewigen Gründen | Ein Flammen-Übermaß», von dem der dem «heiligen Licht» zurückgegebene Faust (in Analogie-Antithese jetzt zu Dantes ‹Paradiso›-Vision) geblendet sich abkehrt – den Regenbogen schauend, dem die beschließenden Verse gelten: «Der spiegelt ab das menschliche Bestreben. | Ihm sinne nach und du begreifst genauer: | Am farbigen Abglanz haben wir das Leben.»

Die Wortoberfläche freilich verdeckt hier eine epochale semantische Differenz. Denn bei nahezu gleichem Sprachgebrauch dieser drei um ein Halbjahrtausend voneinander entfernten Terzinen-Dichtungen meint das «Flammen-Übermaß» des «ewigen Lichts» in Fausts Sonnengesang und meint das *Sonnenlicht*, dem der Schädelbetrachter jetzt sich zuwendet, sehr anderes als die blendenden Blitze jenes jenseitigen, überirdisch-göttlichen «ew'gen Lichtes», von dem Dantes visionäre Verse sprechen. Wie in der ‹Faust›-Dichtung ist es hier die Naturerscheinung selbst, in welcher der *Adept* die sinnlich wahrgenommene *gottgedachte Spur* und ihren *heiligen Sinn* entdeckt, in welcher das Göttliche sich ihm *offenbarte*. Rückte schon in Goethes außerdichterischem Sprachgebrauch an die Stelle des

Kultbegriffs «Reliquie» das Metamorphosenwort der «Exuvien», die einen naturhaft überdauernden Gestaltenwandel bezeugen (vgl. oben Seite 28), so bleiben seine Terzinen überhaupt frei von Anleihen bei dem Heiligen- und Reliquienkult, welcher die Geschichte des Schillerschen Schädels geprägt und überformt hat. Alle Frömmigkeitsvokabeln, die das Gedicht sich zu eigen macht, gelten in Wahrheit dem (mit Goethes Augen gelesenen) ‹Buch der Natur›. *Zum Sonnenlicht andächtig hin mich wendend* – das ist ein in Dichtung transformiertes Bruchstück der eigenen Konfession, die er in seinen letzten Lebenstagen – noch einmal b e i d e Offenbarungswerke bedenkend – in die Worte faßte: In allen vier Evangelien sei «der Abglanz einer Hoheit wirksam, die von der Person Christi ausging und die so göttlicher Art, wie nur je auf Erden das Göttliche erschienen ist. Fragt man mich: ob es in meiner Natur sei, ihm anbetende Ehrfurcht zu erweisen? so sage ich: Durchaus! – Ich beuge mich vor ihm als der göttlichen Offenbarung des höchsten Prinzips der Sittlichkeit. – Fragt man mich, ob es in meiner Natur sei, die Sonne zu verehren? so sage ich abermals: Durchaus! Denn sie ist gleichfalls eine Offenbarung des Höchsten, und zwar die mächtigste, die uns Erdenkindern wahrzunehmen vergönnt ist. Ich anbete in ihr das Licht und die zeugende Kraft Gottes, wodurch allein wir leben, weben und sind, und alle Pflanzen und Tiere mit uns. Fragt man mich aber: ob ich geneigt sei, mich vor einem Daumenknochen des Apostels Petri oder Pauli zu bücken? so sage ich: Verschont mich und bleibt mir mit euren Absurditäten vom Leibe!»[162] – Sollte das für den Schillerschen Schädel in seinem gläsernen Reliquiar nicht gelten? Das Gedicht hält sich «Absurditäten vom Leibe». Was die *dürre Schaale* eines Totenschädels hier als *höchsten Schatz* erscheinen ließ, ist allererst die ihm eingezeichnete *gottgedachte Spur*, die dem Eingeweihten einen *heiligen Sinn* offenbart. Das Medium dieser Offenbarung bleibt unterschieden vom Geoffenbarten selbst.

Als rhetorische Frage gefaßt, die in sich selber ihre bekenntnishafte Antwort enthält, steht am Ende des Gedichts der vierzeilige Lehrsatz, der die Terzinenfolge machtvoll beschließt (y z y z):

> *Was kann der Mensch im Leben mehr gewinnen*
> *Als daß sich Gott=Natur ihm offenbare*
> *Wie sie das Feste läßt zu Geist verrinnen*
> *Wie sie das Geisterzeugte fest bewahre.*

Nur zweimal in Goethes Werken begegnet das Doppelwort *Gott=Natur*, nur dieses eine Mal in solcher Bedeutung.[163] Zwischen *Gott* und *Natur* setzt seine Reinschrift dabei einen Doppelstrich. Neben direkter Zusammenschreibung (Gottnatur) oder dem Gebrauch einer Binnenmajuskel (GottNatur) und neben einfachem Bindestrich (Gott-Natur) war das eine der möglichen, auch bei ihm wechselnden Schreibweisen für ein Kompositum. Anders aber als die einfache Zusammenschreibung und stärker noch als die Binnenmajuskel markiert der Verbindungsstrich eine Fuge, welche die beiden Teile des Kompositums bewußt hält. Und unabhängig davon, ob dem überhaupt eine Absicht des Schreibenden zugrunde lag, darf man den doppelten Strich, anders als einen einfachen, hier nicht nur als Verbindungselement verstehen sondern geradezu als das Gleichsetzungszeichen einer mathematischen Formel.

«Die Natur verbirgt Gott!» – so zitierte Goethe aus der Schrift seines Jugendfreundes Friedrich Heinrich Jacobi ‹Von den göttlichen Dingen und ihrer Offenbarung› (1811). Und fügte hinzu: «Aber nicht jedem»![164] Da schon meldete sich der *Adept* des Terzinen-Gedichtes zu Wort, der die *Schrift* im ‹Buch der Natur› zu entziffern weiß. In den ‹Tag- und Jahresheften› für 1811 hat Goethe gegen Jacobis These, «die Natur verberge Gott», sein großartig zusammengefaßtes pantheistisches Bekenntnis zu der «reinen tiefen angebornen und geübten Anschauungsweise» gestellt, «die mich Gott in der Natur, die Natur in Gott zu sehen unverbrüchlich gelehrt hatte».[165] Auf nurmehr drei Worte verdichtet kam ihm das in Spinozas ‹Ethik› entgegen: «Deus sive natura.»[166] Und mit der äußersten Konzentration, welche die Sprache zuläßt, gibt er dem hier die minimalistische Wucht der Weltformel *Gott=Natur.*

Ihren Offenbarungen (als summum bonum) gelten die Orakelsprüche der beiden letzten Zeilen. Der Goetheschen Grundüberzeugung folgend, daß «die Materie nie ohne Geist, der Geist nie ohne Materie existiert und wirksam sein kann»[167], richten sich die gegenläufig einander entsprechenden Vorgänge auf das Wechselverhältnis, in dem das materiell *Feste* und der *Geist* einander bedingen.

Was die Schlußzeile bündelt (*Wie sie das Geisterzeugte fest bewahre*), läßt sich in eine dreifache Lesart entfalten. Zunächst trifft man hier wohl auf eine letzte Reminiszenz der Gallschen Hirn- und Schädellehre, welche die knöcherne Form glaubte zurückführen zu können auf das in den unterschiedlichen Volumina der Hirn-Areale lokalisierte geistige Vermögen des Menschen: der feste Schädel selbst als ‹geisterzeugt›. Eine zweite Lesart geht weit darüber hinaus: die gestalthaft materialisierten Phänomene des organischen Lebens überhaupt erscheinen als ‹geisterzeugte› Hervorbringungen der alles Dasein durchwirkenden Bildungsgesetze, denen Goethe mit seinen morphologischen Studien auf der Spur war. Schließlich wird man hier, in Analogie zu den Werken der Natur, auch an die in Schriftwerken, in Kunstwerken und überhaupt in allen Artefakten materialisierten ‹geisterzeugten› Hervorbringungen des Menschen selber denken können. Als «Höchst merkwürdig» hat Goethe einmal notiert, «daß von dem menschlichen Wesen das Entgegengesetzte übrig bleibt: Gehäus und Gerüst worin und womit sich der Geist hienieden genügte, sodann aber die idealen Wirkungen, die in Wort und That von ihm ausgingen».[168] – In welcher Weise jede dieser drei übereinandergeschichteten Bedeutungen auf den Schädel (biographisch-entstehungsgeschichtlich gesehen: auf den Schillerischen Schädel) bezogen ist, bedarf hier keiner Erläuterung mehr.

Dunkler erscheint der Orakelspruch des vorangegangenen gegenläufig-korrespondierenden Verses. Offenbart sich die *Gott=Natur* zugleich darin, *Wie sie das Feste läßt zu Geist verrinnen*, dann rührt das offenbar noch einmal an die Todesfrage. Nicht nur ein Hervorgehen des Geistes aus der Materie bezeichnet das Wort *verrinnen*, sondern zugleich doch wohl ein ‹sich Verzehren› des Materiellen in dieser Transformation. So hat man den Vers denn auch interpretiert: «das Leben verzehrt sich, indem es Geist wird» – oder aufs handfest Biographische reduziert: Seine Werke «sind der Geist, zu welchem Gott-Natur das Feste Schillers hat verrinnen lassen».[169] Aber in Goethes eigenem Verständnis ging es auch hier um einen Vorgang, der den ursächlichen Fall übergreift und den Menschen, auch diesen, brüderlich in die «Reihe der Lebendigen» stellt.

Eine morphologische Abhandlung aus dem Jahr 1820 hat er mit den Worten ‹Verstäubung, Verdunstung, Vertropfung› überschrieben.[170] Da heißt es eingangs: «Wer diese drei, nah mit einander verwandte, oft gleichzeitige, mit einander verbunden erscheinende Phänomene geistig ansähe als Symptome einer unaufhaltsam vorschreitenden, von Leben zu Leben, ja durch Vernichtung zum Leben hineilenden Organisation, der würde das Ziel nicht weit verfehlt haben.»

Er äußerte sich hier zu den Thesen des Botanikers Schelver, der eine pflanzliche Sexualität zu bestreiten suchte und die Ausschüttung von Blütenstaub nicht auf den Befruchtungsvorgang beziehen, sondern als eine Absonderung der sterbenden Pflanze verstehen wollte.[171] Zu Recht nannte Goethe das jetzt eine «Grille». Aber in seinen früheren Jenaer Gesprächen mit Schelver war diese Verstäubungstheorie mit der eigenen Metamorphosenlehre und deren Steigerungsprozeß verbunden worden. Das blieb haften. Schelver, schreibt er jetzt (1820), «verfolgt den ruhigen Gang der Metamorphose, welche dergestalt sich veredelnd vorschreitet, daß alles Stoffartige, Geringere, Gemeinere nach und nach zurückbleibt und in größerer Freiheit das Höhere, Geistige, Bessere zur Erscheinung kommen läßt. Warum soll denn nicht also diese letztere Verstäubung auch nur eine Befreiung sein vom lästigen Stoff, damit die Fülle des eigentlichst Innern endlich, aus lebendiger Grundkraft, zu einer unendlichen Fortpflanzung sich hervortue». Einer eigenen Reihe botanischer Beispiele fügt er hier hinzu, es gebe «eine solche endlich zerstörende Verstäubung» auch bei Insekten: An sterbenden Fliegen lasse sich beobachten, daß sie noch über ihren Tod hinaus «einen weißen Staub von sich sprühen».[172] Das alles, heißt es am Ende, solle «darauf nur hindeuten: wie in der großen Natur alles auf einander spielt und arbeitet, und wie sich die ersten Anfänge so wie die höchsten Erscheinungen alles Gebildeten immer gleich und verschieden erweisen».

Am 26. September hatte Goethes Tagebuch vermerkt: «Früh die Terzinen weitergeführt», und vor dem Mittag noch: «Die Terzinen abgeschrieben» (das mag die eigenhändige Reinschrift meinen). Für den späten Abend des gleichen Tages aber heißt es merkwürdigerweise: «Weitere Beachtung der Terzinen.» «Beachtung» kann mancherlei bei ihm bezeichnen: Aufmerksamkeit auf etwas richten, es beobachten, befolgen, anerkennen, würdigen[173] — meint aber gewiß nicht, wie gelegentlich doch angenommen wurde, die neuerliche Bearbeitung eines eigenen Textes. Tatsächlich erklärt ein Tagebuchvermerk vom nachfolgenden 27. September, was vorgegangen war. Als abgeschlossen und erledigt wird da vermerkt ein Schreiben an «Nees von Esenbeck, mit einem Kästchen». Dieser Botaniker hatte ihm schon im Oktober des Vorjahres einen Aufsatz wiederum zur ‹Verstäubung› toter Fliegen geschickt. Jetzt erst erfolgt Goethes Antwort: mit der fahrenden Post schickt er ihm eine solche in Branntwein gesetzte tote Fliege, die er wenige Tage zuvor in einem Glas Brunnenwasser entdeckt hatte, und schreibt in seinem Begleitbrief vom 27. September, daß die Verstäubung hier «um den entseelten Körper einen zusammenhängenden Nimbus [einen Heiligenschein!] bildet». Am gleichen Tag also die «Weitere Beachtung der Terzinen» – wo es von der *Gott=Natur* heißt, daß *sie das Feste läßt zu Geist verrinnen,* wo dem *Adepten* beim Anblick des Schädels ist, *Als ob ein Lebensquell dem Tod entspränge.* Zweifellos hat Goethe die eben wieder beobachtete ‹Verstäubung› mit seinem Gedicht zusammengedacht.[174] Nur deshalb konnte er im Brief an Nees von Esenbeck die tote Fliege mit den Worten begleiten: «Man mag so gern das Leben aus dem Tode betrachten und zwar nicht von der Nachtseite, sondern von der ewigen Tagseite her, wo der Tod immer vom Leben verschlungen wird.»

Als Beweisstück dafür kann das mit dem Toten im *ernsten Beinhaus* zusammengesehene, im Brunnenwasser verendete, im Branntwein konservierte Insekt unmöglich gelten. Während Goethe damals als gesichert annahm, daß die ‹Verstäubung› aus der Fliege selber hervorgehe, handelte es sich tatsächlich doch um den Befall mit einem Jochpilz der Gattung Entomophtora, dessen Sporen sich wieder von ihr ablösten.[175] Aber diese auf einem naturkundlichen Irrtum beruhende «Weitere Beachtung der Terzinen» (durch den Autor als den ersten Leser und Interpreten der eigenen Verse) tut ihnen im nachhinein keinen Abbruch. Und daß Goethe auf solche Weise angedeutet sehen wollte, «wie in der großen Natur alles auf einander spielt und arbeitet, und wie sich die ersten Anfänge so wie die höchsten Erscheinungen alles Gebildeten immer gleich und verschieden erweisen» – darüber wird nicht gleich befremdet den Kopf schütteln, wer sich durch die moderne Molekularbiologie über die Nähe zwischen einer Drosophila-Fliege und dem Menschen hat belehren lassen.

Lehnworte verwendet er, wenn er an Nees von Esenbeck schreibt, es werde in den Hervorbringungen der Natur «der Tod immer vom Leben verschlungen». Er meinte da (und meint in seinem *Beinhaus*-Gedicht) durchaus nicht mehr das gleiche wie Paulus, der an die Korinther schrieb, «das Sterbliche würde verschlungen von dem Leben», und: «Der Tod ist verschlungen in den Sieg.»[176] Aber das Pathos, das Goethe aus der paulinischen Formel für seine vom christologischen Verständnis abgekehrte naturfromme Analogie-Antithese gewinnt, gibt das Gewicht an und bezeichnet die Ranghöhe, welche er seinem Begriff einer *Gott=Natur* zugedacht hat.

W as hier von der Geschichte des Schillerschen Schädels erzählt wurde, mochte für sich selber einiges Interesse verdienen. Auch mag die «sich ereignete unerhörte Begebenheit»[177] vom September 1826 zum Verständnis des Goetheschen Terzinen-Gedichts etwas haben beitragen können. Aber dem lag doch keineswegs die Vorstellung zugrunde, man werde einer Dichtung dadurch habhaft, daß man sie in reduktionistischer Dekonstruktion wieder zurückführt auf die Daten, Vorgaben, Anregungen, aus denen sie hervorgegangen ist, auf die Einflüsse und Korrespondenzen, denen sie sich verdankte. Was ein solches Dichtwerk in sich aufgenommen hat, ist zugleich bewahrt und bewahrend verwandelt und verwandelnd überwunden worden. Für die Dichtung selber gilt schließlich, daß sie das ihr vorgegebene *Feste läßt zu Geist verrinnen* und im beständigen Wortlaut *das Geisterzeugte fest bewahre.* Um einen solchen Vorgang einsichtiger zu machen, wollte sich der vorliegende Versuch an die Maxime halten, die Goethe am 4. August 1803 in einen Brief an seinen Altersfreund Zelter geschrieben hat: «Natur- und Kunstwerke lernt man nicht kennen wenn sie fertig sind; man muß sie im Entstehen aufhaschen, um sie einigermaßen zu begreifen.»

Am Ende aber möchte ich dem geneigten Leser vorschlagen, nach all dem Nebenwerk meiner Erklärungen, Anmerkungen und Exkurse noch einmal das Entstandene, das Fertige für sich selber anzusehen. Ohne jede Zwischenrede jetzt.

Im ernsten Beinhaus war's wo ich beschaute
Wie Schädel Schädeln angeordnet passten;
Die alte Zeit gedacht ich, die ergraute.
Sie stehn in Reih' geklemmt die sonst sich haßten,
Und derbe Knochen die sich tödtlich schlugen
Sie liegen kreuzweis', zahm alhier zu rasten.
Entrenckte Schulterblätter! was sie trugen?
Fragt niemand mehr; und zierlich thätige Glieder,
Die Hand, der Fuß zerstreut aus Lebensfugen.
Ihr Müden also lagt vergebens nieder,
Nicht Ruh im Grabe lies man euch, vertrieben
Seyd ihr herauf zum lichten Tage wieder
Und niemand kann die dürre Schaale lieben,
Welch herrlich edlen Kern sie auch bewahrte.
Doch mir Adepten war die Schrift geschrieben,
Die heiligen Sinn nicht jedem offenbarte,
Als ich in Mitten solcher starren Menge
Unschätzbar herrlich ein Gebild gewahrte,
Daß in des Raumes Moderkält und Enge
Ich frey und wärmefühlend mich erquickte
Als ob ein Lebensquell dem Tod entspränge.

78

Wie mich geheimnißvoll die Form entzückte!
Die gottgedachte Spur, die sich erhalten!
Ein Blick der Mich an jenes Meer entrückte
Das flutend strömt gesteigerte Gestalten.
Geheim Gefäß! Orakelsprüche spendend,
Wie bin ich werth dich in der Hand zu halten?
Dich höchsten Schatz aus Moder fromm entwendend.
Und in die freye Luft, zu freyem Sinnen,
Zum Sonnenlicht andächtig hin mich wendend.
Was kann der Mensch im Leben mehr gewinnen
Als daß sich Gott=Natur ihm offenbare
Wie sie das Feste läßt zu Geist verrinnen
Wie sie das Geisterzeugte fest bewahre.

ANMERKUNGEN

Um den Text der Abhandlung möglichst leserlich zu halten, wurden nicht nur Zitatnachweise und Literaturhinweise, sondern auch begründende oder ergänzende Angaben hier gebündelt. Die jeweils voranstehenden, kursiv gedruckten Stichworte sollten diesen Anmerkungsblock etwas übersichtlicher und zugänglicher machen. Um nicht zur Suche nach Stecknadeln in einem Heuhaufen zu nötigen, wurden die allgemein interessant oder bedenkenswert erscheinenden Angaben durch ein Sternchen markiert, das vor der betreffenden Anmerkungsnummer steht.

1 *Tagebuch* – Aus Goethes Tagebüchern wird auch im Folgenden nur mit Angabe des Datums zitiert – nach der ‹im Auftrage der Großherzogin Sophie von Sachsen herausgegebenen›, von 1887–1903 erschienenen III. Abteilung der sog. Weimarer Ausgabe (künftig abgekürzt: WA).

2 *Schädelreinigung* – Goethes Tagebuch 26. Sept. 1826: «Schröter und Färber fuhren fort den Schädel zu reinigen und aufzustellen.»

3 *«auf einem blausamtenen Kissen»* – So hat Wilhelm v. Humboldt Schillers Schädel gesehen. Vgl. seinen Brief vom 29. Dez. 1826, hier Seite 39.

4 *Glasgehäuse* – Tagebuch 22. Sept. 1826: «Den Buchbinder gesprochen, wegen des zu fertigenden Glasgehäuses.» – 8. Nov. 1826: «Früh hatte der Buchbinder Bauer den Schädel aufgestellt.» (dazu hier auch Anm. 57).

5 *Straßburger Abhärtungsübungen* – Dichtung und Wahrheit II, 9. In der Frankfurter Ausgabe von Goethes sämtlichen Werken (künftig abgekürzt: FA) I, Bd 14, S. 408 f.

6 *Brief an Carl August* – 4. Nov. 1781. Aus Goethes Briefen wird auch im Folgenden nur mit Angabe des Datums zitiert – nach der von 1887–1912 erschienenen, 1990 ergänzten IV. Abteilung der WA (vgl. hier Anm. 1).

7 *«den Tod aber statuiere ich nicht»* – In: Goethes Gespräche. Aufgrund der Ausgabe von Flodoard Frhrn. v. Biedermann hrsg. von Wolfgang Herwig. 5 Bde (in 6), Stuttgart/Zürich 1965–1987. Hier Bd III/2, S. 289. (Zur Datierung dieses durch Ernst Förster überlieferten Gesprächs auf 1826: Goethes Gespräche. Neu hrsg. von Flodoard Frhr. v. Biedermann. Bd 5, Leipzig 1911, S. 155).

8 *Carl Augusts Bestattung* – Dazu Albrecht Schöne: ‹Regenbogen auf schwarzgrauem Grunde›. Goethes Dornburger Brief an Zelter zum Tod seines Großherzogs (Göttinger Universitätsreden, Heft 65). Göttingen 1979.

9 *Nierenkoliken* – Am 2. Mai 1805 (tags zuvor war Schiller an akuter Pneumonie erkrankt) schreibt Goethe an Friedrich August Wolf: «Wenn ich gleich wegen meiner Gesundheit noch immer in einiger Sorge bin, so wächst doch immer die Hoffnung, daß ich über die bösen, drey bis vierwöchentlichen Epochen des Rückfalls hinauskommen werde. Ich reite täglich, um durch die Bewegung den ganzen Körper dergestalt in Contribution zu setzen, daß er die fehlenden Capitel der Einnahme übertragen möge.»

10 *«ohne das Wort Tod»* – Auf Christiane Vulpius' Bericht zurückgehend im Brief von Johann Heinrich Voß an Solger, 22./26. Mai 1805 (FA II, Bd 5, S. 570).

11 *«O nein! die Zerstörung»* – In: Biedermann/Herwig (wie Anm. 7) Bd II, S. 9. Aufgezeichnet freilich erst nach 1832.

12 *Klopstocks Begräbnis* – Berichtet im ‹Magazin der Biographien denkwürdiger Personen der neuern und neuesten Zeit›. Hrsg. von Carl Nicolai. Quedlinburg/Leipzig 1817, S. 137 f. Hier ergänzt durch Angaben bei Max Freivogel: Klopstock der heilige Dichter. Bern 1954, S. 118.

13 *Kassengewölbe* – So benannt nach dem Weimarischen Landschaftskassen-Direktorium, einer staatlichen Finanzbehörde, in deren Eigentum sich diese Grabstätte seit 1742 befand. Beigesetzt wurden dort Angehörige höherer Stände, die in Weimar kein eigenes Familien-Erbbegräbnis besaßen.

14 *Schillers Begräbnis* – Die für diese Vorgänge und ihre Bewertung maßgeblichen zeitgenössischen Aufzeichnungen finden sich zusammengestellt bei Max Hecker: Schillers Tod und Bestattung. Leipzig 1935.
Bei der Darstellung und Analyse der weiteren Geschehnisse zitiere ich – abgesehen von Goethes eigenen Tagebüchern und Briefen – nach Möglichkeit aus dieser nahezu vollständigen (284 Seiten um-

fassenden) Dokumentation, damit sich der Benutzer meines Anmerkungsapparats die Zitate und ggf. ihren Kontext nicht mühsam aus verstreuten Publikationen zusammensuchen muß. Diese zeitgenössischen Zeugnisse sind im Dienst unterschiedlicher Absichten auch derart unterschiedlich ausgelegt worden, daß mir statt eigener Paraphrasen in zahlreichen Fällen die Mitteilung des authentischen Wortlauts erforderlich scheint.

15 *«Begräbnis eines an der Pest Verstorbenen»* – Johann Wilhelm v. Archenholz: Schillers Beerdigung. Juni 1805 in der Hamburger Wochenschrift ‹Minerva› (bei Hecker S. 246 ff.) – Auslösend war ein Artikel vom Mai 1805 in der Leipziger ‹Zeitung für die elegante Welt› (Hecker S. 240 ff.); 1819 folgte das Berliner Blatt ‹Der Gesellschafter›, das die Würdelosigkeit der Begräbnisstätte herausstellte: das Kassengewölbe als ein entlegenes «verfallenes Häuschen» beschrieb (Hecker S. 264 f.).

16 *Obskure Schriften* – Hermann Ahlwardt: Mehr Licht! Der Orden Jesu in seiner wahren Gestalt und in seinem Verhältnisse zu Freimaurer- und Judentum. Zuerst Dresden 1910; bis zum Ende der 20er Jahre mehrfach aufgelegt und 1982 (!) erneut als Faksimiledruck herausgebracht im Verlag für Ganzheitliche Forschung und Kultur in Wobbenbüll. Und: Schillers Ende. Historische Erzählung von Ernst Hellwig. Zuerst: Sächsische Landeszeitung Jg. 1910, Folge 3–6; 1911 dort wiederholt, dann umgearbeitet und mit der korrekten Verfasserangabe (Hugo Meyer) in: Der Sächsische Anzeiger, 4. 4. 1931 (Titel dort: ‹Die Wahrheit über Schillers Tod›).

*17 *Mathilde Ludendorff* – Der ungesühnte Frevel an Luther, Lessing, Mozart und Schiller. Ein Beitrag zur Deutschen Kulturgeschichte. 1. Aufl. 1928, dann mehrfach überarbeitet und ergänzt, zuletzt München 1936, 56.–59. Tausend (IV. Kap.: Die Rache der ‹unsichtbaren Väter› an Schiller und sein Tod ‹zur rechten Zeit›).
Zitiert wird im Folgenden die Ausgabe München 1936, 52.–55. Tausend, die sich S. 129–195 bereits mit Max Heckers (in Anm. 14 genannter) Gegenschrift von 1935 auseinandersetzt. Ihre Vorläufer Ahlwardt und Hellwig/Meyer (vgl. Anm. 16) nennt und referiert Ludendorff dort S. 87, 91, 120 ff. – S. 91 erwähnt sie außerdem für «die unermüdliche Aufklärungsarbeit des Tannenbergbundes [...] die vielen Hunderttausende des Flugblattes ‹Ein sonderbarer Todesfall›, das Ludendorffs [Verlag] Volkswarte über den Logenmord an Schiller veröffentlicht hatte».

18 *Max Hecker* – wie Anm. 14. Wenn er in dem 66seitigen Nachwort zu seiner Dokumentation (das sich mehrfach auf die Ludendorff bezieht) nicht selten einen pathetisch salbadernden Ton an-
stimmt, muß man immerhin den Zeitstil in Rechnung stellen. –
Seine nachfolgend zitierten Erklärungen finden sich S. 288, 298,
322.

19 *Goethe-Gesellschaft* – Vgl. deren Vierteljahrsschrift Goethe, NF
Bd 1, 1936, S. 146: Gleichfalls ohne die Ludendorff beim Namen zu
nennen, berichtete der damalige Präsident Julius Petersen über
Heckers Veröffentlichung als «Erlösung und Befreiung» von ihrer
«Giftmischerei» und nannte ihr Machwerk einen «Pfuhl nationa-
ler Selbstbeschmutzung», der das ganze klassische Weimar als eine
«Verbrecherhöhle», das deutsche Volk als eine «Mörderbande» er-
scheinen lasse.

*20 *Goebbels' Eingreifen* – In der von seiner Reichsschrifttumskam-
mer veröffentlichten, für diese Jahre zuständigen ‹Liste des schäd-
lichen und unerwünschten Schrifttums› und ihren Nachträgen
wurde Ludendorffs Buch nicht angeführt. Aber in dem vom Gene-
ral Ludendorff herausgegebenen Band ‹Mathilde Ludendorff, ihr
Werk und Wirken› (München 1937) heißt es im Anhang: «wird
nicht mehr ausgeliefert». – Fikentscher (wie Anm. 21, S. 164) nutzt
das 1990 ebenso wie 1949 Mathilde Ludendorffs Verteidiger vor
der Spruchkammer (Spruch und Berufung im Spruchkammerver-
fahren gegen Frau Dr. Mathilde Ludendorff. Hrsg. von [ihrem
Schwiegersohn] Franz Frhr. Karg v. Bebenburg. Stuttgart 1951,
S. 217): «Im übrigen ist gerade auch dieses Buch vom nationalsozi-
alistischen Staat verboten worden.»
Das entsprechende Verbot auch von Heckers Buch (wie Anm. 14)
kann ich nicht belegen; es wird erwähnt 1952 von Karl Viëtor (wie
in Anm. 126, 4. Absatz) S. 339 und 1990 von Fikentscher (wie
Anm. 21) S. 165.

21 *Der fruchtbare Schoß* – Henning Fikentscher: Der heutige Stand
der Forschung über Friedrich Schillers sterbliche Reste. Selbstver-
lag Mohrkirch, Auslieferung Buchdienst ‹Neue Anthropologie›
Hamburg 1990. Nachfolgende Zitate dort S. 208, 207, 222; 216ff.;
197–200.
Jetzt wieder angekündigt als Lizenzausgabe im Verlag für Ganzheitliche Forschung (der eine Reihe von Faksimile-Ausgaben auch
Ludendorffscher Schriften veröffentlicht) unter dem Titel: Zur Ermordung Friedrich Schillers. Der heutige Stand der Forschung

über Friedrich Schillers sterbliche Reste und die Ursachen seines Todes. Viöl/Nordfriesland, 2000.

22 *Charlotte v. Schillers Verfügung* – bei Hecker S. 344 f.

23 *Schillers Exhumierung* – Antrag des Kassen-Registrators Stötzer vom 5. Dez. 1825. Bei Hecker S. 99 f.

24 *«Moder und Fäulnis»* – Bericht des bei der Suche anwesenden Bürgermeisters Schwabe. Bei Hecker S. 107 f. Weiteres und Näheres darüber ebd. S. 100–123 u. 346–350.

25 *Bestattungen im Kassengewölbe* – Zahlenangaben (nach August v. Froriep) bei Joachim-Hermann Scharf: Der Anatomenstreit um Schillers Schädel. In Nova Acta Leopoldina. NF Bd 29, 1964, S. 179–194; hier S. 179.

26 *«Das muß Schillers Schädel sein!»* – Schwabes eigenhändige Aufzeichnung bei Hecker S. 114 f.

27 *Gutachten der Mediziner* – Schwabes Angaben darüber bei Hecker S. 115 und wieder 117 f.

28 *Urteile der Laien* – so in einer späteren, überarbeiteten Aufzeichnung des Bürgermeisters (bei Hecker S. 118). – Insgesamt 77 Personen, die Schwabes «wahren Schillerschen Schädel» damals gesehen haben sollen und von seiner Echtheit überzeugt waren (darunter 11 unsichere Fälle), sind aufgelistet und charakterisiert bei Fritz Leo Hildebrandt: Die zwei Schiller-Schädel zu Weimar im Urteil neuer Forschungen über Schillers Zähne und Zahnerkrankungen. Berlin 1950, S. 73–123.

29 *Die Legende* – [Julius] Schwabe: Schiller's Beerdigung (1805) und die Aufsuchung seiner Gebeine (1826). In: Die Gartenlaube. Illustrirtes Familienblatt. 1859, S. 668 ff. u. 683 ff., Zitat S. 684.

*30 *Abbildung S. 16* – In: Die Gartenlaube. 1859, S. 197. Überschrift: ‹Eine ernste Stunde. Aus dem Leben Goethe's, mitgetheilt und gezeichnet von einem Zeitgenossen des Dichters.› Im Begleittext heißt es ebd. S. 197 f.: «Einer der interessantesten Momente im Leben unseres großen Dichters Goethe ist unstreitig der, wo er die sterblichen Ueberreste seines Zeitgenossen und Freundes prüft, um sein Votum abzugeben, daß sie echt sind.» – «Unser Bild zeigt, wie Goethe, in seinem Studirzimmer stehend, zuerst, ehe noch der Körper zusammengesucht war, sich mit der Auffindung und Feststellung des Schädels beschäftigt, und hierbei die Todtenmaske und die bekannte Dannecker'sche Büste zu Rathe zieht.»

31 *«Skandal mit Schillers Leiche»* – schreibt Goethes Freund Sulpiz

Boisserée bei einem Weimarbesuch im Mai 1826 in sein Tagebuch. Bei Hecker S. 176.

32 *Intervention des Großherzogs* – bei Hecker S. 138 f. Daß die Familie «nicht abgeneigt» war, bestätigt ein Brief von Schillers Schwägerin an seinen Sohn bereits am 15. August 1826 (Hecker S. 134).

33 *Schädelniederlegung in der Bibliothek* – Das von allen Anwesenden unterzeichnete Protokoll des Bibliothekssekretärs mit Reinschriften der drei gehaltenen Reden und ein eigener Bericht des teilnehmenden Oberkonsistorialdirektors Peucer bei Hecker S. 141–155. Die folgenden Zitate dort S. 154 u. 145.

Auf nicht uninteressante vorbereitende Notizen von Riemer zu einer weiteren, eigenen Rede in der Bibliothek hat Dorothea Kuhn mich hingewiesen: Goethe- und Schiller-Archiv, Riemer Nachlaß 78/56 Reden.

34 *Goethe «zu angegriffen»* – Kanzler v. Müller an Graf Reinhard, 20. Nov. 1826. Bei Biedermann/Herwig (wie Anm. 7) Bd III/2, S. 90.

35 *«Ich vertrete ihn»* – August v. Goethe an Ernst v. Schiller, 17. Sept. 1826. Bei Biedermann/Herwig (wie Anm. 7) Bd III/2, S. 75.

36 *Augusts Rede* – Zur Handschrift (H) wird in WA I, Bd 42/2, S. 294 angegeben: von August «in eiligen Zügen geschrieben, zweifellos nach dem Dictat des Vaters»; von dessen Hand dann Eingriffe mit Bleistift und mit Tinte, die ebd. S. 296 f. verzeichnet sind. – Abdruck der überarbeiteten Fassung ebd. S. 75–77 (auch bei Hecker, S. 148 ff.).

37 *Reinschrift der Rede* – Goethes Tagebuch, 28. Sept. 1826: «Serenissimo die Acten der Schillerischen Feyer» (mit dem Protokoll des Bibliothekssekretärs und den endgültigen Fassungen der Reden).

38 *Erklärung des Generalsuperintendenten* – nicht erhalten, aber wörtlich zitiert in einer abwehrenden Aufzeichnung des Bürgermeisters Schwabe, bei Hecker S. 179.

39 *«huronenmäßig»* – Gabriel Sagard-Théodat: Le grand voyage du pays des Hurons. Paris 1632 (dort in den Schlußkapiteln des 1. Teils).

40 *«Erde zu Erde»* – Vgl. etwa Georg Rietschel: Lehrbuch der Liturgik. Bd 2 (Die Kasualien). 2. Aufl. von Paul Graff. Göttingen 1952, S. 775–778.

41 *Nicht in die «zerstörende Erde»* – so schon im Schreiben des

86

Kanzlers v. Müller über den (oben S. 17 angeführten) auslösenden Vorschlag des Großherzogs; entsprechende Äußerungen dann wiederholt im Protokoll der Bibliotheksfeier und in allen drei Reden (zitiert wird hier nach Hecker S. 151, 138, 149).

42 *Die Kanzler-Rede* − Bevor sie in die amtliche Akte eingeht, schickt v. Müller sein Manuskript am 18. September an Goethe «mit angelegentlicher Bitte», es «wie einen ersten Entwurf zu behandeln und ernster Prüfung zu unterwerfen». Bei Hecker S. 155.

43 *Im «heiligen Tempel der Kunst»* − bei Hecker S. 151. Die nachfolgenden Zitate ebd. u. S. 152.

44 *Vorgaben des antiken Heroenkults* − Vgl. etwa Friedrich Pfister: Der Reliquienkult im Altertum (zuerst 1909). Nachdruck Berlin/New York 1974.

45 *Bergung der Knochenreste* − Diese Nachsuche erfolgte vom 23.−27. Sept. 1826, also nach der Überführung des Schädels in die Bibliothek. Der Abschlußbericht (durch eben die beiden Gehilfen, die am 24. Sept. den Schädel in Goethes Haus trugen: Schröter und Färber) und das Knochenverzeichnis sind abgedruckt bei Hecker S. 168 ff. − Alles Aufgefundene wurde gereinigt, in einen mit blauem Merino ausgeschlagenen Kasten geordnet und in einen unteren Raum der Bibliothek verbracht, liegt heute im Schiller-Sarkophag der Weimarer Fürstengruft.

46 *Ansichten der Fachgelehrten* − Eine fachkundige Darstellung dessen, was ich im Folgenden sehr abkürzend anführe, gibt für den Zeitraum 1883−1964 Scharf (wie Anm. 25).

47 *Hermann Welcker* − Schiller's Schädel und Totenmaske. Braunschweig 1883.

48 *August v. Froriep* − Der Schädel Friedrich von Schillers und des Dichters Begräbnisstätte. Leipzig 1913.

*49 *Widerspruch gegen Frorieps Zuschreibung* − R. Neuhauss: Schillers Schädel. In: Zeitschrift für Ethnologie 45, 1913, S. 973 ff. Hingegen hat Hildebrandt 1950 (wie Anm. 28) insbesondere aufgrund des Zahnbestandes Frorieps Ansicht erneut unterstützt. − Höchst bemerkenswert dann 1962 die Angabe von Herbert Ullrich, der als Gehilfe und Dolmetscher Gerassimows (vgl. Anm. 51) tätig war und den Fürstengruft-Schädel damals sehen konnte, daß dort gefälschte Zähne eingesetzt wurden! (Neue wissenschaftliche Untersuchungen über die Echtheit des Schillerschädels. In: Urania 25, 1962, S. 198−203). Fikentscher (wie Anm. 21, S. 58 und 20 f., 40,

185) hat daraus ein geradezu abenteuerliches Diebstahls- und Betrugsmanöver Goethes abzuleiten versucht.

50 *Sarkophagöffnung 1959* – Dazu Angaben bei Scharf (wie Anm. 25) S. 191.

51 *Michail Michailowitsch Gerassimow* – Ich suchte Gesichter. Schädel erhalten ihr Antlitz zurück. Wissenschaft auf neuen Wegen. Gütersloh 1968 (zu Schiller dort S. 223–228).

52 *Erdbestattung beim antiken Heroenkult* – Vgl. Pfister (wie Anm. 44) S. 321–324 u. 401–444. Allgemein zu den Translationslegenden dort S. 188–210.

53 *Büstenreliquiare* – Beschreibungen und Abbildungen bei Joseph Braun: Die Reliquiare des christlichen Kultes und ihre Entwicklung. Freiburg 1940, S. 416–434. Auch im Reallexikon zur deutschen Kunstgeschichte. Bd III, München 1954, Sp. 277–285.

54 *Die «Anschauung des Verwahrten»* – Zitiert aus der von Goethe aufgesetzten Bibliotheksrede seines Sohnes. Bei Hecker S. 149.

55 *König Ludwig will «Schillers Schädel sehn!»* – Brief des Großherzogs, bei Hecker S. 209. – Daß es, wie Hecker unterstellt, nur um die Bereithaltung des Schlüssels, nicht vielmehr um den Rücktransport des Schädels ging, ist sicher unrichtig.

56 *«Sehen konnte ich nur das Gerippe»* – In: Gedichte Ludwigs des Ersten, Königs von Bayern. 3. Teil, München 1839, S. 239. – Die beiden zuvor zitierten Strophen in: Gedichte des Königs Ludwig von Bayern. 1. Teil, 2. Aufl., München 1829, S. 73.

57 *«Glaskasten über einen Totenkopf»* – ‹Rechnung über Futteralarbeit für Großherzogliche Bibliothek›, bei Hecker S. 163. – Zu Goethes Herstellungsauftrag (22. Sept. 1826) und der Aufstellung im Haus am Frauenplan (8. Nov. 1826) vgl. oben Anm. 4.

58 *Gläserne Reliquiare* – Vgl. Braun (wie Anm. 53) S. 100 ff. u. 150 f.

59 *Plan für ein Doppelgrab Schillers und Goethes* – Die einschlägigen Briefe, Niederschriften und vier Zeichnungen Coudrays finden sich mit weiteren Zeugnissen in der Dokumentation dieses Grabmalprojekts bei Hecker S. 185–206.

60 *Widerstand der Geistlichkeit* – Vorgetragen im Bericht des Oberkonsistoriums vom 9. Okt. 1827. Bei Hecker S. 203.

61 *Verfügung des Großherzogs* – bei Hecker S. 211 f.

62 *Der vergönnte Anblick* – bei Hecker S. 225 f. Auf diesen Akt bezieht sich der Bericht des Bürgermeisters Schwabe: «Ich hatte mich an den obern Teil des Sarges gestellt und überzeugte mich

durch den Augenschein, daß es derselbe Schädel war, den ich in dem Gotteskastengewölbe [gemeint: Kassengewölbe] als den Schillerschen aufgefunden und auf die Großherzogliche Bibliothek abgeliefert hatte.» (Hecker S. 227 f.).

63 *Hitlers Vernichtungsbefehl* – In: Der Prozeß gegen die Hauptkriegsverbrecher vor dem Internationalen Militärgerichtshof. Bd XLI, Nürnberg 1949, S. 430 f.

64 *Hitlers politisches Testament* – In: Werner Maser: Hitlers Briefe und Notizen. Sein Weltbild in handschriftlichen Dokumenten. Unveränderter Nachdruck der 2. Ausgabe von 1973: Düsseldorf 1988, S. 358/359.

65 *Im Jenaer Bunker* – Alle nachfolgenden Angaben stützen sich auf die gründlich recherchierte Dokumentation von Volker Wahl: Die Rettung der Dichtersärge. Das Schicksal der Sarkophage Goethes und Schillers bei Kriegsende 1945. Weimar 1991.

66 *Emil Ludwigs Bericht* – Aufbau/Reconstruction. Vol. XI – No. 30. New York, July 27, 1945 (hier S. 22). Wiedergegeben auch bei Wahl (wie Anm. 65, S. 42 f.); 1947 etwas veränderte Fassung in verschiedenen Zeitungen.

67 *«Mitarbeit in Buchenwald»* – nicht bestätigt bei Wahl (wie Anm. 65), vgl. dort S. 105 zu: Werner Knye (falsche Schreibung bei Emil Ludwig: Dr. Kniep).

68 *«Die Soldaten präsentierten»* – Thomas Steinfeld 1999 (wie Anm. 72).

69 *Der PKW-Fahrer* – Diese Bilddokumente schon 1991 bei Wahl (wie Anm. 65) S. 76 ff., ein Augenzeugenbericht des Fotografen ebd. S. 62.

70 *Heimholung der «verehrten Heiligtümer»* – Faksimile des Flugblatts als Frontispiz und S. 55 f. bei Wahl (wie Anm. 65).

71 *Früherer Skelettierungsvorschlag* – Der hier zitierte ‹Bericht über die Öffnung des Goethesarkophags am 22. April 1963› (unterzeichnet am 30. April 1963; Goethe- und Schiller-Archiv, Instituts-Archiv, NFG 312) vermerkt zwar Korrosionen einer stellenweise durchlöcherten inneren «Zinkblech»-Auskleidung, aber noch keine Beschädigung des Holzsarges. Der mit ungeklärter Absicht erfolgte und aus ungeklärtem Grund offenbar mißlungene (gestörte?) Versuch eines ‹Reliquienraubes› müßte also zwischen 1963 und 1970 erfolgt sein.

*72 *Der FAZ-Artikel* – Thomas Steinfeld: Sonderakte Goethe. Eine Trophäe für den Sozialismus: Wie die DDR die sterblichen Überreste Johann Wolfgang von Goethes unsterblich machen wollte. In: Frankfurter Allgemeine Zeitung für Deutschland. 18. März 1999, Nr 65, S. 49 und 51.

Dieser Artikel (verfaßt von einem Germanisten, der damals für das Ressort ‹Literatur und literarisches Leben› der FAZ verantwortlich zeichnete) ist in seinen Kernstücken eine Textanalyse des Konservatoren- und Restauratorenberichts, der in denunziatorischer Weise ausgiebig zitiert und dem verschwörerische Geheimhaltung unterstellt wird. Damit läßt der Verfasser bewußt außer acht, daß dieser Bericht aus guten Gründen nicht für die Öffentlichkeit abgefaßt war: das über die Anlage und den Stil des Textes entscheidende Gattungsgesetz bleibt absichtsvoll unberücksichtigt. Darüber hinaus enthält der Artikel eine ganze Reihe falscher oder halbrichtiger Angaben, irreführender Argumentationen, unsachlich haltloser Wertungen und abwegiger Insinuationen. Die Unterstellungen, auf die ich im Zusammenhang meiner Abhandlung eingehen muß, hat man nicht nur in Weimar als eine weit über westdeutsche Besserwissereien hinausgehende kollektive Verleumdung verstanden. Und das zu Recht.

73 *Durs Grünbein* − Mazeration Goethe. Der Sarkasmus und die Sarkophage. In: Frankfurter Allgemeine Zeitung für Deutschland. 23. März 1999, Nr 69, S. 49.

*74 *«Fotos von Goethes entstellter Leiche»* − Die Weimarer ‹Sonderakte Mazeration Goethe› enthielt am 22. März 2000, als ich sie im Goethe-Nationalmuseum einsehen konnte, keinen Film (wie bei Steinfeld, hier Anm. 72, noch angegeben) sondern lediglich Abzüge von Schwarz-Weiß-Aufnahmen: 56 durchnumerierte Bilder (auf sie bezieht sich wohl ein lose beiliegendes maschinenschriftliches Blatt: «Besichtigung des Leichnams am 2. November 1970»; es fehlten Nr 30, 44, 48) und 24 nicht numerierte Aufnahmen (13 vergrößerte zu «Textiluntersuchungen», 10 Teilaufnahmen von gereinigten Knochenteilen, 1 Großaufnahme des wieder eingebetteten mazerierten Skeletts).

Von den Aufnahmen vor der Mazeration trug die als Nr 1 ausgewiesene (auf die allein ich mich im Folgenden beziehen kann) den Vermerk: «Kopf und Brustteil unmittelbar nach Öffnung des Sarkophages». Ich hatte den Eindruck, daß die nachfolgenden Fotografien einen durch die Sargöffnung hervorgerufenen, raschen weiteren Verfall des Leichnams zeigen. − Auch für das Bild Nr 1 gilt der Vermerk auf einem der weiteren Fotos: «Der vollständig

mit Aaskäferlarven bedeckte Schädel». Das ist korrekt. Und ist für
nicht beruflich Abgehärtete gewiß so schwer erträglich, wie es
manche Angaben gerichtsmedizinischer Untersuchungsprotokolle
sein können. Aber der gleiche Sachverhalt läßt doch unterschiedliche Betrachtungsweisen zu. Ich muß eine Beschreibung aus der
Erinnerung versuchen und fasse mich kurz.

Diese Fotografie ist ein Brustbild des auf dem Rücken liegenden
Toten. Die Schalen der selber längst verendeten Insekten überzie-
hen lückenlos das Antlitz, lassen dabei große schwarze Augenhöhlen und den leicht aufklaffenden Mund ganz frei. Randscharf
geben sie (en face) die Form des Schädels wieder, der diese Metamorphose erlitten hat. (Goethe: «Die Gestalt ist ein bewegliches,
ein werdendes, ein vergehendes. Gestaltenlehre ist Verwandlungs-
lehre. Die Lehre der Metamorphose ist der Schlüssel zu allen Zei-
chen der Natur.» FA I, Bd 13, S. 205)

Das Bild erinnert, ich wüßte aus optischen Erinnerungen keine andere Verdeutlichungshilfe, an die Holzstämme alter Buhnenreste,
wie sie bei Ebbe aus dem Meer auftauchen: ganz mit Miesmu-
schelschalen überzogen. Wie ein von der gestaltend umgestalten-
den Natur selber hervorgebrachtes Artefakt gemahnt es in ikono-
graphischer Hinsicht an die manieristischen Bilder Giuseppe
Arcimboldis, des Prager Hofmalers Rudolphs II.: an das der Nym-
phe Flora etwa, mit Frühlingsblüten bekränzt, die lückenlos auch
ihr Gesicht bedecken (Benno Geiger: Die skurrilen Gemälde des
Giuseppe Arcimboldi. Wiesbaden 1960, Abb. 94), oder an sein lor-
beerumkränztes Herodes-Haupt, nur aus den kleinen Kindlein ge-
bildet, die er hinmorden ließ (ebd. Abb. 90), auch an Heinrich
v. Hessens 1956 entstandenes Gemälde eines blütenüberzoge-
nen Totenschädels en face mit großen schwarzen Augenhöhlen
(‹Omaggio a Arcimboldi›, bei Gustav René Hocke: Die Welt als
Labyrinth. Hamburg 1957, Abb. 184).

Der Oberkörper und beide Arme des Leichnams sind in ein Toten-
hemd gehüllt, weiß erscheinend auf diesem Bild, wie von Seide,
mit Glasperlen bestickt. Und über dem ungeheuren Haupt der
Lorbeerkranz, den man dem Toten mitgab in den Sarg.

Die Todverfallenheit und Vergänglichkeit des Menschen stellt das
so schrecklich, so gewaltig, so großartig vor Augen, wie wohl kaum
ein anderes unter den vielen alten Vae vanitas- und Memento
mori-Artefakten mit ihren nicht selten weit zudringlicheren und
entsetzlicheren Bilderfindungen. Dem aber, der weiß, was ausge-

gangen ist von dem, was er da anschaut, gelten auch die Worte, welche Goethe angesichts des Schillerschen Totenschädels in das Gedicht geschrieben hat, von dem hier am Ende die Rede sein wird: *Was kann der Mensch im Leben mehr gewinnen | Als daß sich Gott=Natur ihm offenbare | Wie sie das Feste läßt zu Geist verrinnen | Wie sie das Geisterzeugte fest bewahre.*

Abgesehen von einigen Silhouetten und Weißers Gipsmaske aus dem Jahr 1807 (vgl. hier Anm. 109) ist diese Fotografie das einzige Abbild seiner äußeren Erscheinung, das uns nicht die von eigenwilligen Augen gelenkten Hände der Zeichner, Maler, Bildhauer übermittelt haben. Ohne Zweifel wird es eines Tages sichtbar werden und wird unser Goethe-Bild verändern, nicht allein das visuelle. Das bedenkend, muß man wünschen und sollte man dafür sorgen, daß diese Epiphanie nicht gerade in einer sensationsjournalistischen Inszenierung erfolgte.

– Ich habe lange überlegt, ob ich das hier Angedeutete nicht in die vorliegende Abhandlung einbeziehen und dabei das zur Rede stehende Bild in einem größeren Abbildungs-Kontext veröffentlichen sollte. Das hätte, wäre ich dem überhaupt gewachsen gewesen, nicht in Form eines Anhängsels geschehen können, sondern hätte erhebliche Änderungen des Ganzen erfordert und eine Zustimmung der ‹Stiftung Weimarer Klassik› vorausgesetzt. Aber meine Bemühungen um eine entsprechende Einwilligung der Stiftung sind erfolglos geblieben – obgleich mir endlich im März 2001 eine mündliche Zusage gegeben wurde (da man ohnehin schon eine Freigabe der Mazerationsakte und einiger zugehöriger Fotos beschlossen habe) und obgleich im Mai 2001 noch eine zustimmende schriftliche Anweisung des damaligen Stiftungs-Präsidenten an das Goethe-Nationalmuseum ergangen war. Mein letztes drängendes Schreiben vom 3. Juni 2001 hat man bis zum Abschluß dieser Arbeit ohne Antwort gelassen. – Eigentlich fühle ich mich entlastet.

75 *Die Machthaber der DDR* – Auch Steinfeld (wie Anm. 72) erklärt, es sei «unwahrscheinlich, daß man in Berlin, an ‹höherer Stelle›, von diesem Unternehmen wußte». – Gerhard Schmid, mit einer Untersuchung betraut, über die er dem Stiftungsrat der ‹Stiftung Weimarer Klassik› am 13. Dezember 1999 berichtet hat, versichert nach Aktenprüfungen und Gesprächsermittlungen, daß es keine Hinweise und keinerlei Belege gebe für eine Einflußnahme zentraler Regierungs- und oder Parteiinstanzen der DDR auf den in Weimar gefällten Mazerations-Beschluß.

76 *Wilhelm v. Humboldt an Caroline* – In: Wilhelm und Caroline von Humboldt in ihren Briefen. Hrsg. von Anna v. Sydow. Bd 7, Berlin 1916, S. 309 ff. – Der im Folgenden ausschnittweise zitierte Brief vom 29. Dez. 1826 ist in anderen Editionen nur gekürzt wiedergegeben worden (das handschriftliche Original seit 1945 verschollen).

77 *Goethes ‹Versuch aus der vergleichenden Knochenlehre›* – In FA I, Bd 24, S. 16–24. Zur Entstehung und Überlieferung ebd. S. 885 f. – Grundlegend Dorothea Kuhn in: Goethe. Die Schriften zur Naturwissenschaft (Leopoldina-Ausgabe) II, Bd 9B, Weimar 1977, S. 470–492.

78 *Blumenbachs Schädelsammlung* – Anhand dieser ‹Sammlung von Schädeln verschiedener Völkerschaften› (heute im Anatomischen Institut in Göttingen) hat Blumenbach zwischen 1789 und 1826 sieben Schädelvorträge in der Göttinger Societät der Wissenschaften gehalten und seine ethnologischen Bestimmungen dabei an insgesamt 67 mitgebrachten Stücken demonstriert (selbstverfaßte Kurzberichte darüber in den ‹Göttingischen gelehrten Anzeigen› dieser Jahre). Goethe hat diese Sammlung während seiner Göttinger Aufenthalte im Sommer 1801 mehrfach besichtigt.

79 *«Goethe grübelt jetzt»* – Charlotte v. Stein an Knebel, 1.5.1784. In: Biedermann/Herwig (wie Anm. 7) Bd I, S. 347. – Die zitierten Sätze beziehen sich auf Herders ‹Ideen zur Philosophie der Geschichte der Menschheit›. Deren 3. Kap. im 2. Buch des (1784 gedruckten) 1. Teils setzt ein mit den Worten: «Der Menschen ältere Brüder sind die Tiere. Ehe jene da waren, waren diese» (Werke in 10 Bdn, Bd 6. Frankfurt a.M. 1989, S. 67).

80 *«Unterscheidungszeichen zwischen dem Affen und Menschen»* – Goethe einleitend im ‹Versuch aus der vergleichenden Knochenlehre› (wie Anm. 77) S. 16.

∗81 *Goethes ‹Entdeckung›* – Als Goethe seine Abhandlung 1784 an Soemmerring schickte, schrieb er dazu: «Sollte ich [...] Ihnen statt einer Neuigkeit wie ich glaube, nur etwas Bekanntes vortragen, so verzeihen Sie es, da mir meine Geschäfte wohl erlauben, manchmal einen Blick auf die Natur und die Bücher zu thun, welche Sie uns kennen lehren, es aber in meiner Lage unmöglich ist von dem was andere vor uns entdeckt haben genau unterrichtet zu sein.» (In: Goethe-Jahrbuch 1892, S. 167).
Er nannte da als Vorgänger neben Vesalius (1555) nur den Galenus, der (im 2. Jh. n. Chr.) Affen sezierte, um die Anatomie des

Menschen zu beschreiben, und seinen Zwischenkieferbefund auf diesen übertrug (zu Galen: Blumenbachs Bemerkungen in der nachfolgenden Anm.). Es gab seit dem 16. Jh. freilich eine ganze Reihe von Anatomen, deren Einsichten Goethes Untersuchungsergebnis entsprachen (vgl. J. H. F. Kohlbrugge: Historisch-kritische Studien zu Goethe als Naturforscher. Würzburg 1913, S. 8–12, mit einer langen Autorenliste S. 25 f.) Bedenklicher aber erscheint, daß eine bereits 1780 verfaßte und 1784 gedruckte Abhandlung von Félix Vicq d'Azyr (die Goethe damals also noch nicht kennen konnte) auch im Druck seines ‹Versuchs› von 1820 nicht genannt wird, obgleich er inzwischen von ihr wußte. Der französische Anatom hatte gleichermaßen das menschliche Os intermaxillare beschrieben und als Bestätigung der Typenlehre verstanden (dazu Kohlbrugge, wie oben, S. 9 u. 17 f. mit Anm. und Manfred Wenzel: Der gescheiterte Dilettant: Goethe, Soemmerring und das Os intermaxillare beim Menschen. In: Gehirn-Nerven-Seele. Anatomie und Physiologie im Umfeld S. Th. Soemmerrings. Hrsg. von Gunter Mann und Franz Dumont. Stuttgart/New York 1988, hier S. 323).

∗82 *Göttingische Reaktion* – Blumenbach (für Goethe «ein wahrer Repräsentant der großen gelehrten Anstalt, als deren höchstbedeutendes Mitglied er so viele Jahre gewirkt hatte»: FA I, Bd17, S. 324) hat bei einem seiner Schädel-Vorträge in der Göttinger Societät der Wissenschaften (vgl. oben Anm. 78) das Zwischenkieferknochen-Problem berührt: am 5. Okt. 1799, als ihm Goethes ‹Versuch› längst bekannt war. Da präsentierte er einen beim Prätorianerlager des antiken Rom ausgegrabenen Schädel, den der Kardinal Borgia ihm verehrt hatte, und erklärte: «Daß auch dieser brave Römer so wenig, als andere Adamskinder, ein thierisches os intermaxillare hat, das Galenus [im 2. Jh. n. Chr.] dem Menschen zuschrieb, wäre kaum einer Erwähnung werth, geschähe es nicht des alten Sylvius halber, der [1551], um die Galenische Behauptung zu retten, lieber gar meinte, das Menschengeschlecht könne doch wohl zur Römerzeit diesen Knochen gehabt haben – und daß er bey den folgenden Generationen verwachsen und gleichsam verschwunden, ja da sey Galen nicht Schuld daran.» (‹Göttingische gelehrte Anzeigen› 1799, S. 1714 f.)

Auch in seinem für die Zeit maßgeblichen ‹Handbuch der vergleichenden Anatomie› wird Goethes Schrift 1805 und wieder 1815 keines Wortes gewürdigt; erst in der 3. Auflage (Göttingen

1824, hier S. 24) gibt es einen etwas zweideutigen Fußnoten-Hinweis: «In wie fern aber die durch diese Fissur bezeichnete Alveolar-Portion des menschlichen Oberkiefers allerdings für ein Rudiment eines Intermaxillar-Knochens angesehen werden müsse, hat GÖTHE in seiner berühmten Abhandlung gezeigt, die seit 1786 [sic] als Manuscript für Freunde mitgetheilt war, und nun im Iten B. [1. Bd] *zur Morphologie* mit reichen Zusätzen erschienen ist.»

83 *Gelehrte von Profession* −   Über Soemmerring: Goethe an Merck, 8. April 1785; über Camper: in FA I, Bd 24, S. 829.

84 *«Konsequenz des osteologischen Typus»* − Goethe: ‹Das Schädelgerüst aus sechs Wirbelknochen auferbaut›. In: FA I, Bd 24, hier S. 619.

85 *Gespräche mit den Brüdern Humboldt 1794/95* −   In den Nachträgen, die Goethe dem Erstdruck seiner Zwischenkieferknochen-Schrift von 1820 beifügte, hat er darüber berichtet: «ich trug die Angelegenheit meines [osteologischen] Typus so oft und zudringlich vor daß man, beinahe ungeduldig, zuletzt verlangte, ich solle das in Schriften verfassen was mir in Geist, Sinn und Gedächtnis so lebendig vorschwebte.» (FA I, Bd 24, S. 494 f.)
Tatsächlich diktierte er daraufhin seinen ‹Ersten Entwurf einer allgemeinen Einleitung in die vergleichende Anatomie, ausgehend von der Osteologie›, in dem das Os intermaxillare eine wichtige Begründungsrolle spielt (vgl. FA I, Bd 24, S. 239 u. ö.).

86 *Schädel zur Hand nehmen* −   In Goethes ‹Versuch aus der vergleichenden Knochenlehre› (wie Anm. 77) S. 19.

∗87 *Raffaels Schädel* −   In der ‹Italienischen Reise› (Zweiter römischer Aufenthalt, April 1788 − FA I, Bd 15, hier S. 589) gibt Goethe eine Schilderung, deren Eingangssatz sich eng an den Sprachgebrauch des Heiligen- und Reliquienkultes hält: «Eine andere Wallfahrt wurde dagegen mit mehr Nutzen und Folge unternommen: es war zu der Akademie Luca [der Maler-Accademia di San Luca], dem Schädel Raphaels unsre Verehrung zu bezeigen, welcher dort als ein Heiligtum aufbewahrt wird, seitdem er aus dem Grabe dieses außerordentlichen Mannes, das man bei einer baulichen Angelegenheit eröffnet hatte, daselbst entfernt und hierher gebracht worden.» Die anschließende Schädelbeschreibung, wohl bald nach Humboldts Besuch vom 29. Dezember 1826 verfaßt, entspricht sehr genau dessen Angaben im Brief an Caroline über die regelmäßige Wölbung von Raffaels Hirnschale und bringt zugleich (ex negativo) die ungleichmäßige Form des damit vergli-

chenen Schillerschädels ins Spiel. Schillers Name fällt hier nicht.
Aber ausdrücklich führt Goethe den Namen des Schädellehrers an,
den Humboldts Brief nicht nennt: «Ein wahrhaft wundersamer
Anblick! Eine so schön als nur denkbar zusammengefaßte und ab-
gerundete Schale, ohne eine Spur von jenen Erhöhungen, Beulen
und Buckeln, welche, später an andern Schädeln bemerkt, in der
gallischen Lehre zu so mannichfaltiger Bedeutung geworden
sind.»
Goethe erwirkte in Rom die Erlaubnis jenes Gipsabgusses, der bei
Humboldts Besuch dann neben Schillers Schädel lag (heute im
Goethe-Nationalmuseum aufbewahrt wird). Seit 1833 ist erwiesen,
daß es sich nicht um Raffaels Hirnschale handelte.

88 *Zur Hirn- und Schädellehre Galls* – Ein vorzüglicher Über-
blicksartikel (auch über die Fortsetzungen der Gallschen Lehre)
erschien 1851 in Ersch/Grubers ‹Allgemeiner Encyklopädie der
Wissenschaften und Künste›. Nachdruck Graz 1972, 1. Sektion, Teil
52, S. 400–413. – Aus dem umfangreichen späteren Schrifttum
nenne ich auswählend nur: Erna Lesky (Hrsg.): Franz Joseph
Gall. 1758–1828. Naturforscher und Anthropologe. Stuttgart/
Wien 1979. – Martin Blankenburg: Seelengespenster: Zur deutschen Rezeption von Physiognomik und Phrenologie im 19. Jahrhundert. In: Gehirn-Nerven-Seele (wie in Anm. 81) S. 211–237. –
Sigrid Oehler-Klein: Die Schädellehre Franz Joseph Galls in Literatur und Kritik des 19. Jahrhunderts. Zur Rezeptionsgeschichte
einer medizinisch-biologisch begründeten Theorie der Physiognomik und Psychologie (Soemmerring-Forschungen Bd 8). Stutt-
gart/ New York 1990. – Michael Hagner: Kluge Köpfe und geniale
Gehirne: Zur Anthropologie des Wissenschaftlers im 19. Jahrhundert. In: Wissenschaft als kulturelle Praxis, 1750–1900. Hrsg. von
Hans Erich Bödeker u.a. (Veröffentlichungen des Max-Planck-
Instituts für Geschichte 154.) Göttingen 1999, S. 299–333.

89 *Kortikale Funktionslokalisation* – Vgl. etwa, reich bebildert,
Edwin Clarke und Kenneth Dewhurst: Die Funktionen des Gehirns. Lokalisationstheorien von der Antike bis zur Gegenwart
(englisch 1968). München 1973. Dort S. 87 ff. ein Kapitel: ‹Die
neue ‚Wissenschaft‘: Phrenologie›, das deren Entwicklung auch
über Gall hinaus und ihre langdauernde Geltung besonders im an-
glo-amerikanischen Bereich skizziert: etwa zwischen 1830 und
1860 hatte sie dort noch eine große, hochkommerzialisierte Brei-
tenwirkung; ein ‹American Journal of Phrenology› erschien bis

1922 (eingehender dazu: Frances Hedderly: Phrenology. A study of mind. London 1970 und Lesky (wie in Anm. 88) S.32ff.

90 *Entdeckung des Sprachzentrums* – Dazu (gegen P.J. Möbius, der Gall als den eigentlichen Entdecker herausstellte) August Froriep: Ist F.J. Gall an der Entdeckung des Brocaschen Sprachzentrums beteiligt? In: Zeitschrift für die gesamte Neurologie und Psychiatrie. Bd 5, Berlin 1911, S.293ff.

91 *Galls Organ-Kataloge* – Den Vorlesungen von 1805 entsprechend verzeichnet bei Ersch/Gruber (wie in Anm. 88) S.404–408, mit Abb.; dann bei Oehler-Klein (wie in Anm. 88) S.27–30 (nach Gall: Sur les fonctions du cerveau et sur celles de chacune de ses parties. T. 3–5. Paris 1825 – mit deutschen und französischen Organ-Bezeichnungen).

92 *Das kaiserliche Handbillett* – aus den Wiener Aktenbeständen bei Erna Lesky: Der angeklagte Gall. In: Gesnerus 38, 1981, S.301–311, hier S.301.

93 *Hirnanatomischer Gottesbeweis* – Dazu Lesky (wie in Anm. 88) S.27.

94 *Zum neurobiologischen Determinismus* – zitiert aus Galls erster schriftlicher Darstellung seiner Lehre, die Wieland im Dezember 1798 in seinem ‹Neuen Teutschen Merkur› abdruckte: ‹Des Herrn Dr. F.J. Gall Schreiben über seinen bereits geendigten Prodromus über die Verrichtungen des Gehirns der Menschen und der Thiere an Herrn Jos. Fr. von Retzer› (3. Bd, 12. Stück, S.311–332, hier S.315f.) – Jetzt bei Lesky (wie in Anm. 88) S.47–59, hier S.49.

95 *Zum Materialismus-Problem* – Lesky (wie Anm. 92) S.306ff.

96 *Wie «der Urin zu den Nieren»* – Carl Vogt: Physiologische Briefe für Gebildete aller Stände. Stuttgart/Tübingen 1847, dort S.206–208.

97 *«Zuversicht ewiger Fortwirkung»* – Bei Lesky (wie Anm. 92) S.306f. – Gall beruft sich damit auf Herders ‹Ideen zu einer Philosophie der Geschichte der Menschheit›: seine Worte von der «Zuversicht ewiger Fortwirkung» zitieren dessen Eingangssatz zum IV. Kapitel im 5. Buch des 1. Teils der ‹Ideen› (Herder, wie Anm. 79, S.180).

98 *Goethes «Überzeugung unserer Fortdauer»* – zu Eckermann am 4. Febr. 1829 (FA II, Bd 12, S.301).

99 *Galls Vortragstournee* – Vgl. Gunter Mann: Franz Joseph Galls kranioskopische Reise durch Europa (1805–1807). In: Nachrichtenblatt der deutschen Gesellschaft für Geschichte der Medizin,

Naturwissenschaft und Technik, Jg 34, 1984, S. 86–114. – Über die Vortragsorte in zeitlicher Abfolge Helmut Heintel: Leben und Werk von Franz Joseph Gall. Eine Chronik. Würzburg 1986. – In eigener Sache Joseph Gall: Meine Reise durch Deutschland, nebst pathognomischen Bemerkungen über meine gemachten Bekanntschaften, und einzig wahre Darstellung meiner Lehre. [Hrsg. von J. F. K. Arnold? o.O.] 1806, S. 309–345.

100 *Zur literarischen Rezeption der Gallschen Schädellehre* – bei Achim v. Arnim, Balzac, Brentano, Büchner, Heine, E. T. A. Hoffmann, Klingemann, Kotzebue, Jean Paul, Edgar Allan Poe vgl. die wirkungsgeschichtlich orientierte Untersuchung von Oehler-Klein (wie in Anm. 88, Register).

101 *Gall in Jena und Weimar* – Angaben und Zitate aus brieflichen Mitteilungen vom August 1805 an Carl August Böttiger in Dresden, der mit den Weimarern enge Verbindung hielt. Abgedruckt bei Ludwig Geiger: Aus Alt-Weimar. Berlin 1897, hier S. 94 f.

102 *Abbildung Seite 48* – Entnommen Eugen Holländer: Die Karikatur und Satire in der Medizin. Stuttgart 1905, S. 281, Fig. 165 (dort nur die Angabe: ‹Lithogr. von Jannin. Paris›; ich konnte Näheres nicht ausfindig machen).

103 *Der Meister in Person* – In den Berichten von Friedrich Benjamin Osiander über Galls Auftritt in Göttingen (Neues Hannöversches Magazin 1805, 15. Jg., Sp. 1350 u. 1383 – vgl. hier Anm. 111) wird er beschrieben als ein «ansehnlicher Mann von ungefähr funfzig Jahren», der «in schwarzem Kleide» vor seinen Schädeln und Wachspräparaten steht.

104 *Schädel unter Glasglocken als Ziermöbel* – Zitiert bei Oehler-Klein (wie in Anm. 88) S. 52.

105 *Heinses Schädel in Soemmerrings Glaskästchen* – Mitgeteilt von Manfred Dick: Der Literat und der Naturforscher. Wilhelm Heinse und Samuel Thomas Soemmerring. In: Samuel Thomas Soemmerring und die Gelehrten der Goethezeit. Hrsg. von Gunter Mann und Franz Dumont (Soemmerring-Forschungen Bd 1). Stuttgart/New York 1985, hier S. 227 f. – Die zitierte Angabe aus dem Jahr 1844 stammt von Heinses Sohn Wilhelm (in: Albert Leitzmann: Wilhelm Heinse in Zeugnissen seiner Zeitgenossen. Jena 1938, S. 52).

106 *Lichtenbergs Maxime* – Im Sudelbuch A 4 (Schriften und Briefe. Hrsg. von Wolfgang Promies. Bd 1, München 1968, S. 9 – notiert 1764/65).

107 *Gall auf die Schädel der Genies hoffend –* ‹Neuer Teutscher Merkur› (wie Anm. 94) S. 326; bei Lesky (wie in Anm. 88) S. 55.

108 *Kants Schädel –* Immerhin hat Wilhelm Gottlieb Kelch (Ueber
den Schädel Kants. Ein Beytrag zu Galls Hirn- und Schädellehre.
Königsberg 1804; Nachdruck ebd. 1924) ihn sogleich nach seinem
Tod untersucht und sich gemäß den Gallschen Lokalisationsspeku-
lationen über 17 ‹Organe› des Philosophen geäußert – eine erhei-
ternde Lektüre.

*109 *Goethes Schädel –* Tagebuch 16. Okt. 1807: «Dr. Gall kam nach
Tische wieder, wo wir über seine Lehre bis gegen Abend sprachen;
da ich mich für ihn abgießen ließ.» Hergestellt wurde dieser Gipsabguß durch den Weimarer Hofbildhauer Karl Gottlob Weißer, der
danach eine Büste mit schrecklich geöffneten Augen anfertigte
(Abb. beider Stücke u. a. bei Emil Schaeffer und Jörn Göres: Goe-
the. Seine äussere Erscheinung. Frankfurt a. M. 1980, S. 114/115). –
Zum Sekretär Kräuter sagte Goethe über seine Eingipsung: «Mei-
nen Sie denn, daß es ein Spaß ist, sich das nasse Zeug ins Gesicht
streichen zu lassen, ohne eine Miene zu verziehen? Da ist's eine
Kunst, nicht noch viel unwirscher auszusehen!» (bei Biedermann/
Herwig, wie Anm. 7, Bd III/1, S. 288).
Galls Brief an Franz Brentano vom 7. Mai 1827 in: ‹Frankfurter
Zeitung und Handelsblatt› vom 21.6.1902 (Morgenblatt S. 2 f.).

110 *«nie so gefüllte Auditorien» –* In: ‹Zeitung für die elegante Welt›
Nr 69 vom 8. Juni 1805, S. 547.

*111 *Anders in Göttingen –* Eine ausführliche Kritik der Gallschen
Schädellehre und die wohl eingehendste Schilderung seiner Vorlesungen hat der Mediziner Friedrich Benjamin Osiander 1805
im ‹Neuen Hannöverischen Magazin› veröffentlicht (15. Jg, Sp.
945–82 und 1313–26, 1345–88, 1393–1418, 1425–34). Über weite
Strecken hin geben diese ausdrücklich an Lichtenberg anknüpfen-
den Berichte ein bewundernswertes Beispiel der Göttinger Spät-
aufklärung.

112 *Heyne an Soemmerring –* Brief vom 30. Sept. 1805. Nach Ru-
dolph Wagner: Samuel Thomas Soemmerrings Leben und Verkehr
mit seinen Zeitgenossen (Nachdruck der Ausgabe von 1844). In:
Soemmerring-Forschungen Bd 2. Hrsg. von Franz Dumont. Stutt-
gart/ New York 1986, S. 98.

113 *Galls eigener Göttingen-Bericht –* In Gall (wie in Anm. 99)
S. 341. – Der verehrungswürdige Schädelkenner Blumenbach war,
wie alle Lehrer der Arzneiwissenschaft, mit einer Freikarte beehrt

worden und wird von Gall wohl eher des eigenen Renommees wegen so hervorgehoben (im anschließenden Text noch weiter gerühmt).

114 *Gall als Korrespondent der physikalischen Klasse* – Dazu ein undatierter Brief Galls an seinen Verehrer Bertuch in Weimar: «Die allgemeine Stimmung belieben sie daraus zu urtheilen, daß man mich zum Mitgliede der hohen Societät der Wissenschaften aufgenommen hat, daß ich aber erst im November, am Jahrestag der Societät, das Diplom erhalten werde.» (bei Geiger, wie Anm. 101, S. 95 f.) – Der Hallenser Philologe Friedrich August Wolf meldete am 20. Sept. 1805 an Goethe: «Mit Gall, der izt wie mit Fittigen reiset, sind die Göttinger klug umgegangen, wenigstens nachklug, da sie sonst immer Prometheusse sind [etymologisch: Vorbedachte]. Schon haben sie beschloßen, ihm die Mitgliedschaft ihrer Sozietät nachzusenden.» (Friedr. August Wolf: Ein Leben in Briefen. Hrsg. von Siegfried Reiter. Stuttgart 1935, Bd 1, S. 403).

*115 *Lavaters Schädel-Physiognomik* – Ohne einen Kausalzusammenhang zwischen einzelnen ‹Organen› des Gehirns und der Form der Schädeldecke herzustellen, hat Lavater doch schon 1776 die Ansicht vertreten, daß sich «die Aushöhlung der Hirnschale» so «nach der darin enthaltenen Masse des großen und kleinen Gehirns» richte, «daß die äussere Gestalt dieses Eingeweides an der innern Fläche der Hirnschale vollkommen ausgedrückt erscheint; und wer zweifelt, daß eben so wohl auch der Umriß ihrer äussern Fläche dadurch bestimmt wird?» (Physiognomische Fragmente zur Beförderung der Menschenkenntniß und Menschenliebe. Zweyter Versuch, Leipzig/Winterthur 1776, S. 161.). – Lichtenberg natürlich zweifelte: redete vom Gehirn als einem Meer, «dessen Zustand und Fähigkeiten du aus dem knöchernen Gewölbe beurteilst, unter dem [es] kochen, vertrocknen und versteinert werden könnte, ohne daß du es merktest». Also: «Aus der Form des Knochen-Gewölbes, in welchem unser Gehirn steckt, beim Menschen physiognomische Data herzuholen, hat mir immer lächerlich geschienen» (wie Anm. 106: Sudelbuch F 814 u. 830 – Ende 1777/Anfang 1778 notiert).

*116 *Frühe Gall-Erwähnungen Goethes* – ‹Was wir bringen›: FA I, Bd 6, S. 279.

Schon aus der Zeit zwischen 1799 und 1801 will Karl Friedrich Horn von der Prinzessin Caroline gehört haben, daß Schiller, Goethe und Herder bei ihr zusammengesessen und wechselseitig ihre

Schädel gezeichnet hätten: «Sie suchten durch darein gezogene Linien anzugeben, in welchem Verhältnisse zueinander und untereinander Verstand, Vernunft und Phantasie sich in denselben befänden, wie viel davon in jedem der drei Köpfe enthalten sei und worin demnach sie einander ähnlich und voneinander verschieden wären» – stritten und lachten darüber (bei Biedermann/Herwig, wie Anm. 7, Bd I, S. 1010).

Für 1803 dann vermerkt Goethe in seinen Tag- und Jahresheften, es sei ihm «ein kleines Lustspiel zugekommen mit dem Titel: *der Schädelkenner,* die respectablen Bemühungen eines Mannes wie Gall lächerlich und verächtlich machend». Er lehnte eine Aufführung auf dem Weimarer Theater ab, weil man dort alles zu vermeiden suche, «was wissenschaftliche Untersuchungen vor der Menge herabsetzen könnte», und er «nicht gern die Gallische wunderliche Lehre, der es denn doch, so wenig als der Lavaterischen [Physiognomik], an einem Fundament fehlen möchte, dem Gelächter Preis geben» wolle (FA I, Bd 17, S. 110 f. – Goethe zitiert da aus seinem Absagebrief vom 24. Jan. 1803 an J. J. Willemer, der ihm wahrscheinlich Carl Steins ‹Die Schädellehre› geschickt hatte; ob sein Brief vom 16. Nov. 1805 an Eichstädt, dem er gleichfalls ein auf Galls «Wesen und Treiben» bezügliches Lustspiel zurückgab, das gleiche Stück meint, ist nicht ausgemacht).

117 *Tag- und Jahreshefte 1805* – Die folgenden Zitate aus diesen Aufzeichnungen nach FA I, Bd 17, S. 148 – 150.

118 *Goethe in Halle* – Die Zeugnisse zu dieser Begegnung Goethes mit Gall findet man gesammelt in: Goethe. Die Schriften zur Naturwissenschaft (wie Anm. 77) S. 232 – 247; dazu auch ebd. S. 497 ff.

119 *«Er nahm Partei für Galls Lehre»* – berichtet unter dem 24. Juni 1823 (bei Biedermann/Herwig, wie Anm. 7, Bd III/1, S. 503). – So hatte er sich schon am 12. April 1806 in einem Brief an Eichstädt als Redakteur seiner ‹Jenaischen allgemeinen Literatur-Zeitung› höchst ärgerlich über eine abfällige Kritik der Gallschen Schädellehre beschwert – offenbar weil Außenstehende hätten annehmen können, daß sie mit seiner Billigung veröffentlicht worden sei.

120 *Schellings «Blindekuhspiel»-Experiment* – In: Schellings Werke. Hrsg. von Manfred Schröter. 3. Erg.-Bd, München 1968, S. 489 (zuerst im ‹Morgenblatt für gebildete Stände› 1807).

121 *«Schädel eines rechten Stock-Newtonianers»* – In: Erklärung der zu Goethe's Farbenlehre gehörigen Tafeln (FA I, Bd 23/1, S. 1032).

- Dazu Albrecht Schöne: Goethes Farbentheologie. München 1987, S. 199 f.

122 *Goethes «verfehlter Beruf»* – Dichtung und Wahrheit II, 10. In FA I, Bd 14, S. 487. – Vgl. Tag- und Jahreshefte für 1805 in FA I, Bd 17, S. 150 f.

123 *‹Vom Vater hab› ich die Statur›* – In FA I, Bd 2, S. 682.

124 *Bettinas Schabernack* – Brief an Goethe vom 25. Mai 1806. In: Bettina v. Arnim. Werke und Briefe. Hrsg. von Gustav Konrad. Bd 2, Frechen/Köln 1959, S. 70. – Nach den Angaben von Heintel (wie in Anm. 99, S. 18 f.) begann Gall mit seinen Frankfurter Vorlesungen am 4. Juni 1806.

125 *Erster Anblick des Totenschädels* – Am 18. Sept. 1826 heißt es in Goethes Tagebuch: «Auf die Bibliothek, die gestrigen Gaben zu betrachten» – und in Riemers Aufzeichnungen: «Früh Goethe auf der Bibliothek, wegen der Schillerschen Überreste. Ließ er sich den Schlüssel auch zu seinem Postament geben» (bei Hecker, wie Anm. 14, S. 153, wo gewiß irrig angegeben wird, es habe sich um einen Schlüssel zum Postament für Goethes eigene, die Trippelsche Büste gehandelt). – Hätte er damals den Schillerschen Schädel aus dessen Postament herausnehmen und sich zeigen lassen, wäre das für Riemer zweifellos erwähnenswert gewesen. Die betrachteten «gestrigen Gaben» müssen die tags zuvor aus dem Schillerschen Familienbesitz in die Bibliothek verbrachte Danneckersche Schillerbüste und deren Postament gewesen sein (für das sich Goethe, dem die Oberaufsicht auch über die Bibliothek oblag, jetzt den Schlüssel aushändigen ließ).

*126 *Textgestalt und Überlieferung des Terzinen-Gedichts* – Die Textwiedergabe folgt hier Goethes eigenhändiger, höchst sorgfältig in lateinischer Schrift verfaßter Reinschrift (anhand einer im Goethe- und Schiller-Archiv, Signatur: Goethe Reproduktionen 25/III, 2, 12b befindlichen Fotografie). Deren Original konnte zwar 1890 für den (ungenauen) Lesartenapparat in WA I, Bd 3, S. 399 noch benutzt werden, war aber schon 1837 durch Eckermann aus Goethes Nachlaß in Privatbesitz gelangt (im Tausch gegen ein Schädelbein!), soll dann 1984 bei Sotheby's an einen Düsseldorfer Rechtsanwalt versteigert worden sein und wird seither als privates Wertpapier verborgen gehalten.

Auf dem Vorderblatt dieser Reinschrift (in WA als H[178] ausgewiesen) findet sich der wieder gestrichene Vermerk: «Zum 17. Sept. 1826» (dem Tag der feierlichen Translation des Schädels in die

Großherzogliche Bibliothek – denkbar, daß Goethe sein Gedicht ursprünglich dem Protokoll dieser Veranstaltung und den ins Reine geschriebenen Reden beifügen wollte, die später dem Großherzog übergeben wurden – vgl. hier Anm. 37) und statt dessen dann die Angabe «25 Sept 26» (für den es im Tagebuch heißt: «Nachts Terzinen»).

Ein Erstdruck des Gedichts zu Lebzeiten erfolgte 1829 in Cottas Taschenausgabe von: Goethe's Werke. Vollständige Ausgabe letzter Hand, Bd 23, S. 285 f., danach wieder 1830 in Cottas Oktavausgabe letzter Hand, Bd 23, S. 283 f. Die nicht erhaltene Setzervorlage dafür geht wohl auf die Reinschrift H^{178} zurück, von der jedoch beide Drucke (jeweils unterschiedliche) geringfügige Abweichungen der Orthographie und Interpunktion aufweisen. Wie in H^{178} aber blieben die Verse hier ohne Überschrift und ohne typographische Markierung des Terzinen-Metrums (durch Einzug der jeweils 2. und 3. Zeile).

In diesen Drucken erscheint das Gedicht – unvermittelt und für die Leser entschieden rätselhaft – am Ende der 2. Fassung von ‹Wilhelm Meisters Wanderjahren›, also noch hinter den dort mitgeteilten Prosa-Sprüchen ‹Aus Makariens Archiv› – abgehoben von der Frakturschrift des Romans durch Antiquadruck und mit dem unmittelbar anschließenden, in H^{178} nicht enthaltenen Vermerk «(Ist fortzusetzen.)», dem 1830 noch die Namensabkürzung «G.» folgte. – Es wurde vielfach erörtert, blieb am Ende aber ungeklärt und braucht hier nicht weiter verfolgt zu werden, ob diese Ankündigung oder Selbstermahnung des Autors eine Fortsetzung des Romans meinte (den Goethe am 8. Juni 1821 im Gespräch mit dem Kanzler v. Müller, an ‹Meisterjahre› denkend, noch als «Trilogie» bezeichnete), oder ob da an eine Vermehrung der Makarien-Sprüche gedacht war, oder ob Goethe nicht doch das Gedicht selber in der Weise «fortzusetzen» gedachte, daß er es eingehen ließ in ein schon 1799 geplantes, 1815 als Zyklus gedachtes großes Naturgedicht (dazu Karl Viëtor: Goethes Gedicht auf Schillers Schädel. In: Geist und Form. Bern 1952, hier S. 224–233 und 328–337). – Ein schwer einzuschätzendes Terzinen-Fragment, vielleicht auch 1826 entstanden (FA I, Bd 2, S. 1201), will Hecker (wie Anm. 14, S. 160) als Ansatz zu einer Fortsetzung des *Beinhaus*-Gedichts verstehen; noch weniger überzeugend erklärt Viëtor (wie oben, S. 226 f.) es zu dessen «Vorstufe».

Unberücksichtigt kann hier eine Abschrift durch Eckermann bleiben (Goethe- und Schiller-Archiv: Signatur 25/W 15,5 Bl. 40), wiederum mit einigen Abweichungen in Orthographie und Zeichensetzung gegenüber H[178] und mit Eckermanns eigenmächtiger Überschrift: ‹Bei Betrachtung von Schillers Schädel› (nach gestrichenem ‹Schillers Schädel›); vgl. dazu hier Anm. 136. – Darauf beruhen der erste postume Druck von 1833 (anders als im Erstdruck von 1829/30 jetzt in der Abteilung ‹Vermischte Gedichte›) und die von ihm abhängigen späteren Ausgaben.

127 *«ein Stükgen Hinterschädel von den Burgundern»* – «Das Beinhaus hatte vergitterte Öffnungen, wodurch die Luft streichen konnte; aber auch ein Arm war durch die Eisen zu schieben, und so konnten sich die Reisenden hier alte Burgunderknochen zum Andenken mitnehmen.» (Wilhelm Bode: Goethes Schweizer Reisen. Leipzig 1922, S. 82) – Zu diesen offenbar massenhaft «aus Andacht und gleichsam als Reliquien» erfolgenden Aneignungen auch Rosemarie Zeller in: Freiburger Geschichtsblätter 68, 1991, hier S. 166 f.

Die These von James Taft Hatfield (Publications of the Modern Language Association of America 36, 1921, p. 429 ff.), es verdanke sich «the inspiration for this poem» bereits dem Besuch des Beinhauses zu Murten, und «the removal of Schiller's skull on September 17, 1826, gave Goethe [only] a suggestion for completing the poem», kann als abwegig gelten.

128 *«Knochen die sich tödtlich schlugen»* – Christoph Meiners: Briefe aus der Schweiz. Theil 2, Berlin 1785, S. 151.

129 *Goethe und Dante* – Zu Korrespondenzen zwischen dem Terzinen-Gedicht, dem gleichfalls in Terzinen verfaßten Faust-Monolog (Vers 4679–4727) und der ‹Divina Commedia› gibt es Angaben etwa bei Roger Bernheim: Die Terzine in der deutschen Dichtung von Goethe bis Hofmannsthal. Dissertation Bern. Düsseldorf 1954, S. 31–43 passim und bei Willi Hirdt: Goethe und Dante. In: Deutsches Dante-Jahrbuch. Bd 68/69. Köln 1994, hier S. 43–48 u. 68–80 (wo auf ältere Arbeiten verwiesen wird).

*130 *«Naturphilosophie sey Gottes Enkelin»* – FA I, Bd 22, S. 352 (vgl. ebd. S. 1171). Goethe schickte dieses Bedankungsgedicht für den Übersetzer als Beilage zu seinem Brief an Zelter vom 12. August 1826 nach Berlin. Er setzte es später auch unter seine Auseinandersetzung mit Friedrich Heinrich Jacobis ‹Briefwechsel› (1827); deren letzter Absatz lautet: «Jacobi wußte und wollte gar nichts von der Natur, ja er sprach deutlich aus: sie verberge ihm seinen Gott. Nun glaubt er mir [...] triumphierend bewiesen zu haben, daß es keine Naturphilosophie gebe; als wenn die Außenwelt dem, der Augen hat, nicht überall die geheimsten Gesetze täglich und nächtlich offenbarte! In dieser Consequenz des unendlich Mannigfaltigen sehe ich Gottes Handschrift am allerdeutlichsten. Da lobe ich mir unsern Dante, der uns doch erlaubt, um [die Naturphilosophie als] Gottes Enkelin zu werben.» (WA I, Bd 42/2, S. 85).

131 *«Nicht Ruh im Grabe»* – Vgl. Hecker (wie Anm. 14) S. 179.

132 *«gereimte Kranioskopie»* – Manfred Schneider (Ein Geistergespräch der Klassik. In: Neue Rundschau 1999, Heft 1, S. 94–99) hat das Gedicht als einen «Dialog der beiden Dichter» bezeichnet, der «durch die neue Wissenschaft des Hirnanatomen Franz Joseph Gall möglich geworden» sei: «In gereimter Kranioskopie setzt er [Goethe] das Protokoll seiner Auslegung [der Schillerschen ‹Schädeltropen›] auf, daß das Genie in eine Schädelform schlüpft, die an Schönheit alle übrigen Hirnschalen weit überragt.» – Da geht er mit dem Wortlaut der Terzinen doch recht eigenmächtig um.

133 *«Natur hat weder Kern Noch Schale»* – in Goethes Gedicht ‹Allerdings› (FA I, Bd 2, S. 507); gegen Albrecht v. Hallers berühmte Maxime von 1730: «Ins innre der Natur dringt kein erschaffner Geist, | Zu glücklich, wann sie noch die äußre Schale weist!»

134 *«Moderkält und Enge»* – Schwabes Bericht bei Hecker (wie Anm. 14) S. 117. Dem Staatsminister war darüber jedenfalls mündlich Bericht erstattet worden.

*135 *Goethes Betrugsversuch* – Ludendorff (wie Anm. 17) S. 114: «Sodann dichtete Goethe ein gefühlvolles Gedicht, in dem er Schwabes Tat höchst einfach auf sich übertrug und schildert, daß er im Massengrabe Schillers Schädel gesucht und gefunden habe.» Tief gerührt werde «die Schul- und Universitätsjugend noch heute [1936], wenn ihr dieses Betrügergedicht ohne Aufklärung vorgelesen wird». Goethe aber sei damit «ein künstlicher Jude geworden»: «verräterisch dem eigenen Volke, dem eigenen Blute gegenüber.»

Entsprechend verbreitet seit 1990 auch Fikentscher wieder, «daß Goethe in den Terzinen sich die Rettung von Schillers Schädel wahrheitswidrig zugeschrieben und die Nachwelt zu täuschen versucht habe» (wie Anm. 21, S. 127; vgl. auch ebd. S. 206 u. 222).

136 *Irreführende Überschriften* – Zu Eckermann vgl. hier den letzten Absatz der Anm. 126. E. v. d. Hellen (Jubiläums-Ausgabe Bd 1, S. 379) berief sich für seine Überschrift auf Goethes Brief an Zelter vom 24. Okt. 1827: Bei dessen Weimarbesuch vor zwei Wochen

habe er leider versäumt, ihm «gerade das Wichtigste mitzuteilen»: «Die Reliquien Schillers solltest du verehren, ein Gedicht, das ich auf ihr Wiederfinden al Calvario gesprochen [ital.: auf dem Kalvarienberg, der Schädelstätte; eigentlich Golgatha, wo nach alter Legende die Kaiserin Helena das Kreuz Christi fand], ferner eine Novelle der eigensten Art, kleiner Gedichte mancherlei [...].» Aber man rechnet das «Gedicht» (das er selber doch wohl nicht als verehrungswürdig bezeichnet hätte) besser zu den anderen Texten, die Zelter vorenthalten wurden, und setzt es nicht den «Reliquien Schillers» gleich, die damals wieder in der Großherzoglichen Bibliothek zu «verehren» gewesen wären.

137 Entwurf «Dass in des Raumes Moderkält...» – Goethe- und Schiller-Archiv Weimar. Signatur: 25/W 170.

138 «Gedenke zu leben» – FA I, Bd 9, S. 920 f.

139 Der Totenschädel als Heilsbild – Wolfgang Martens: Goethes Gedicht ‹Bei Betrachtung von Schillers Schädel›, motivgeschichtlich gesehen. In: Jahrbuch der Deutschen Schillergesellschaft. 12. Jg., 1968, hier S. 284. – Zum Totenschädel und Skelett als christliche Memento mori-Mahnungen und Vanitas-Sinnbilder vgl. auch Viëtor (wie in Anm. 126, 3. Abs.) S. 214–219; Literaturangaben dafür ebd. S. 342, Anm. 31.

140 Der Naturforscher als «Adept» – So in der deutsch-französischen Ausgabe von Goethes ‹Versuch über die Metamorphose der Pflanzen› von 1830: FA I, Bd 24, S. 774 f.

141 ‹Buch der Natur› – Dazu etwa Ernst Robert Curtius: Europäische Literatur und lateinisches Mittelalter. Bonn 1948 (dort S. 321 ff.: Das Buch der Natur). – Erich Rothacker: Das ‹Buch der Natur›. Materialien und Grundsätzliches zur Metapherngeschichte. Hrsg. von Wilhelm Perpeet. Bonn 1979. – Hans Blumenberg: Die Lesbarkeit der Welt. Frankfurt a.M. 1981. – Friedrich Ohly: Zum Buch der Natur. In dessen: Ausgewählte und neue Schriften zur Literaturgeschichte und zur Bedeutungsforschung. Stuttgart/ Leipzig 1995, S. 727 ff.

142 Zum neuzeitlichen Gebrauch der Formel – Vgl. Ohly (wie vorangehende Anm.) S. 758 ff.

143 Genetischer Code – Dazu Lily E. Kay: Who Wrote the Book of Life? Stanford 2000.

144 «Knochen als Text» – Goethe an Lavater, 14. Nov. 1781 über seine anatomischen und osteologischen Übungen bei Loder in Jena (vgl. oben S. 40).

145 *Nachträgliche Notizen zur Zwischenkieferknochen-Schrift* – Tagebuch 13. Aug. 1819: «Abhandlung über den Zwischenkieferknochen und zum Druck vorbereitet.» – Die zitierten nachträglichen
Notizen für den Druck von 1820 in: FA I, Bd 24, hier S. 481 u. 490.
Mit erstaunlich wörtlichen Vorwegnahmen des Terzinen-Gedichts
fügte Goethe damals hinzu (ebd. S. 491), daß die «Verbindung mit
Schillern» ihn seinerzeit «aus diesem wissenschaftlichen Beinhaus
[der knochenkundlichen Studien zu anderen Unternehmungen] in
den freien Garten des Lebens rief», so daß «von der Zeit an Staub
und Moder sich über [seinen alten osteologisch-anatomischen]
Präparaten und Papieren aufhäuften»!

146 *Die «Reihe der Lebendigen»* – Vgl. dazu Arthur O. Lovejoy: Die
große Kette der Wesen (zuerst englisch 1936). Frankfurt a. M.
1993.

147 *Goethes Verhältnis zur darwinistischen Evolutionstheorie* – Aus
dem umfangreichen, durchaus kontroversen Schrifttum nenne ich
hier auswahlweise nur Georg Uschmann: Der morphobiologische
Vervollkommnungsbegriff bei Goethe und seine problemge-
schichtlichen Zusammenhänge. Jena 1939. – Manfred Wenzel:
Goethe und Darwin. Goethes morphologische Schriften in ihrem
naturwissenschaftshistorischen Kontext. Dissertation Bochum
1982; daraus ‹Goethe und Darwin› im Goethe-Jahrbuch 100, 1983,
S. 145 ff. – Wolfgang Schad: Zeitgestalten der Natur. Goethe und
die Evolutionsbiologie. In: Goethe und die Verzeitlichung der Natur. Hrsg. von Peter Matussek. München 1998, hier S. 368 ff. und
die Erklärungen von Dorothea Kuhn im Zusammenhang ihrer
Kommentare zu Goethes morphologischen Texten in der Leopoldina-Ausgabe seiner Schriften zur Naturwissenschaft II, Bd 9A
passim – kurzgefaßt in FA I, Bd 24, S. 864.

148 *«Konsequenz des osteologischen Typus»* – Vgl. hier Anm. 84.

149 *«und endlich stellt der Mensch sich ein»* – FA I, Bd 24, S. 488.

150 *Riemers Gesprächsberichte* – Bei Biedermann/Herwig (wie
Anm. 7) Bd II, S. 158, 201, 589.

151 *«daß wir erst Tiere und Pflanzen waren»* – Bei Biedermann/
Herwig (wie Anm. 7) Bd I, S. 347.

152 *Die Naturgeheimnisse «durchs Bild zu lösen»* – FA I, Bd 13, S. 198
(2.65.2.); wohl aus dem Frühjahr 1807.

153 *«Daß aus dem Meere alles Lebendige gekommen»* – Lorenz Oken:
Entstehung des ersten Menschen. In: Isis oder Encyclopädische
Zeitung. Jena 1819, Bd 2, Sp. 1117–1123, hier 1121.

154 *«Von vorn die Schöpfung anzufangen»* − Dazu Albrecht Schöne: Kommentar zu Goethes Faust-Dichtung. FA I, Bd 7/2. Vierte, überarbeitete Aufl. (und gleichlautende Sonderausgabe Frankfurt a.M. 1999), S. 504−508 u. 529−533.

155 *«an extreme partisan of similar views»* − Charles Darwin: The Origin of Species. Nachdruck der revidierten 6. Aufl. London, New York, Toronto 1956. Vorwort, Fußnote S. XXII.

156 *Das großgeschriebene «Mich»* − Vgl. dazu Anm. 126 (zur Textgestalt und Überlieferung des Terzinen-Gedichts). Es ist offenbar der Ungenauigkeit der Abschriften oder der Eigenmächtigkeit der Setzer zuzuschreiben, daß die Drucke zu Lebzeiten (bei denen Goethe keine Korrekturlesung mehr vornahm) diese ungewöhnliche Form einer Hervorhebung wieder einebneten. Spätere Editoren haben auf die Reinschrift nicht mehr geachtet; die WA hat unter den Lesarten von H[178] diese Schreibung nicht einmal erwähnt. Für Goethes Schreibweise scheint das ein einzigartiger Fall zu sein, aber es gibt wohl auch kaum einen zweiten, in dem das derart sinnvoll und so erforderlich war.

157 *«jenes Meer»: Interpretationen* − Max Kommerell (Gedanken über Gedichte. Frankfurt a.M. 1943, S. 182 f.): «jenes Meer, das flutend gesteigerte Gestalten strömt, könnte zwar der schaffende Geist Schillers sein, ist aber doch wohl eher die Potenz der Natur, die zur Steigerung, zur Maximalerscheinung drängt. Nur so kann dem Totenschädel ein Lebensquell entspringen, kann er Orakelsprüche spenden − ein anderer Schädel könnte es nicht, er würde den Angriff der Vernichtung auf das Individuelle bestätigen.»
Erich Trunz (Goethes Werke. Zwölfte, neubearbeitete Aufl. Hamburg 1981. Bd 1, S. 727): Der Naturkundige erblickt in diesem Schädel eine sich steigernde Reihe gottgewollter Gestalten, «die so unendlich wie das Meer ist».
Karl Viëtor (wie in Anm. 126, S. 201): «Der Schädel wird ihm offenbares Zeugnis und Symbol für die letzten Geheimnisse der großen Kraft, die grenzenlos wie das Meer ist und doch in unfehlbarer Ordnung lauter abgemessene, einzelne Gestalten hervorbringt.»

158 *Die Ergänzung von August v. Goethes Bibliotheksrede* − Dazu hier Anm. 36 u. 37 sowie die Lesartenangaben in WA I, Bd 42/2, S. 294 ff. (der ursprüngliche Redetext dort S. 296 f. bei Zeile 15−21, der ergänzte S. 77 oder bei Hecker, wie Anm. 14, S. 149 f.). − Auf diese Entsprechung verweist schon Viëtor (wie in Anm. 126,

S. 198), aber mit irriger Einschätzung der zeitlichen Abfolge, so daß er den 17. Sept. 1826 als den «Tag der Empfängnis» des Gedichts ausgibt.

In gleicher Weise hat Goethe offenbar auch in die nachträgliche Reinschrift der Translationsrede des Kanzlers v. Müller (vgl. hier Anm. 42) Wendungen eingefügt, die dem Gedicht so nahestehen, daß man sie dem Kanzler selber kaum wird zurechnen wollen: Es sei, heißt es da, mit Schillers Schädel «jene heilige Form» wieder «ans Licht» gebracht worden, «mit der die schaffende Natur hienieden einst den Geist umkleidete» (bei Hecker, wie Anm. 14, S. 151/152).

159 *«...verzierte der Heide mit Leben»* – meint die bildnerischen Darstellungen bunten Lebens auf antiken «Sarkophagen und Urnen» (FA I, Bd 1, S. 443).

160 *«Modergrün aus Dantes Hölle»* – in FA I, Bd 2, S. 646 f. (vgl. den Kommentar ebd. S. 1183).

161 *Zur Datierung von Fausts Terzinen-Monolog* – Vgl. Anne Bohnenkamp: ‹... das Hauptgeschäft nicht außer Augen lassend›. Die Paralipomena zu Goethes ‹Faust›. Frankfurt a. M./Leipzig 1994, S. 282 (wo in Anm. 13 die sehr unterschiedlichen Datierungs-Thesen referiert werden). – Goethes Tagebuchnotiz vom 11. Jan. 1827: Eckermann «die Terzinen vorgelegt» scheint mir aus mehreren Gründen keinesfalls dem *Beinhaus*-Gedicht zu gelten; so hätte man hier den terminus ante quem für die Abfassung des Faust-Monologs.

162 *«eine Offenbarung des Höchsten»* – zu Eckermann am 11. März 1832 (FA II, Bd 12, S. 747 f.)

163 *«Gott=Natur»* – Der zweite Verwendungsfall (in dem 1817 verfaßten Gedicht ‹Kore›: FA I, Bd 2, S. 523) bezeichnet die göttliche Natur oder Abstammung, Wesensart einer mythischen Figur.

164 *«Die Natur verbirgt Gott! | Aber nicht jedem.»* – FA I, Bd 13, S. 63 (1.411.) Kommentar ebd. S. 579 .

165 *«Gott in der Natur, die Natur in Gott»* – FA I, Bd 17, S. 246 . Vgl. dazu hier Anm. 130.

166 *«Deus sive natura»* – Vgl. (zum Kontext dieser Formel) Spinoza: Ethica Ordine Geometrico demonstrata. Pars quarta, Präfatio und Propositio IV, Demonstratio (in: Opera | Werke. Lateinisch und Deutsch. Hrsg. von Konrad Blumenstock. Bd 2, Darmstadt 1967, S. 382/83 u. 392/93).

*167 *«die Materie nie ohne Geist, der Geist nie ohne Materie»* – In Goethes am 24. Mai 1828 verfaßten Erläuterungen des Aufsatzes

‹Die Natur› (FA I, Bd 25, S. 81). – Gleich denkend schrieb er am 8. April 1812 an Knebel von «Geist und Materie», daß sie «die nothwendigen Doppelingredienzien des Universums waren, sind und seyn werden, die beyde gleiche Rechte für sich fordern und deswegen beyde zusammen wohl als Stellvertreter Gottes angesehen werden können».

168 *Daß «das Entgegengesetzte übrig bleibt»* – unter ‹Aphorismen› in FA I, Bd 13, S. 96 (1.666). Nicht datierbar.

169 *«verrinnen» als sich Verzehren* – Kommerell (wie in Anm. 157) S. 183; Bernheim (wie in Anm. 129) S. 38.

170 *‹Verstäubung, Verdunstung, Vertropfung›* – In FA I, Bd 24. Die nachfolgenden Zitate dort S. 509, 510, 511, 513, 521.

171 *Franz Joseph Schelver* – Kritik der Lehre von den Geschlechtern der Pflanze. 3 Bde, Heidelberg/Karlsruhe 1812–1823.

172 *Verstäubung der Fliege* – Vgl. dazu in FA I, Bd 24 auch S. 543 und die Abbildung 35.

173 *«Beachtung»* – Vgl. Goethe-Wörterbuch Bd 2, 1989, Sp. 127.

174 *Die Fliegen-Verstäubung und das Terzinen-Gedicht* – Ilse Graham (Goethe, Schauen und Glauben. Berlin/New York 1988, S. 208–250) hat sich eingehend mit Goethes Brief an Nees v. Esenbeck und seinen Vorstellungen über die Verstäubung der Fliegen befaßt, sie in weitläufige Zusammenhänge gestellt und dabei zum ersten Mal auch mit dem *Beinhaus*-Gedicht in Verbindung gebracht.

175 *Pilzbefall der verstäubenden Fliege* – aufgeklärt durch Dorothea Kuhn (Leopoldina-Ausgabe, wie Anm. 77, Bd 10A, Weimar 1995, S. 830).

176 *Paulus* – 2 Kor 5,4 und 1 Kor 15,55.

177 *«eine sich ereignete unerhörte Begebenheit»* – Goethes Begriffsbestimmung der Gattung Novelle (zu Eckermann am 29. Jan. 1827, wie Anm. 98, S. 221).

BEDANKUNG

Bei der Arbeit an dieser Abhandlung habe ich eine ganze Reihe fachkundiger Auskünfte und Ratschläge erbeten und erhalten; namentlich möchte ich hier wenigstens dem archiv- und handschriftenkundigen Weimaraner Gerhard Schmid danken. Nicht zu vergessen Catharina Oerke und Astrid Popien, die mir in Göttingen hilfreich zur Seite gingen, und meine geduldige Schreiberin Christa Fischer.